Birgit Adam und Gerald Drews (Hrsg.)

Die schönsten Weihnachtsmärkte in Deutschland

Termine, Angebot, Anfahrtswege

2., aktualisierte und erweiterte Auflage 2000

BATTENBERG

Inhalt

Postleitzahlenbereich 8

Postleitzahlenbereich 9

Vorwort

Alle Jahre wieder...
... laden in ganz Deutschland zahlreiche Weihnachtsmärkte zum Bummeln und Schlemmen ein. Wer kennt nicht die verlockenden Düfte von Glühwein und gebrannten Mandeln, die durch die festlich geschmückten Budenstraßen schweben? Wer hat sich nicht schon einmal von den strahlenden Lichterketten verzaubern lassen, die eine Stadt plötzlich in ein ganz anderes Licht tauchen? Weihnachtsmärkte bieten eine herrliche Gelegenheit, auf der hektischen Jagd nach Weihnachtsgeschenken eine wohlverdiente Rast einzulegen und den Gaumen mit einer Waffel oder einem Germknödel zu verwöhnen. Und wer weiß, vielleicht finden Sie ja gerade hier, an einer der vielen Buden mit Holzspielzeug, Silberschmuck und kunsthandwerklichen Produkten, das Geschenk, das Sie in all den Kaufhäusern vergebens gesucht haben?

Jeder hat wohl schon einmal von den weltberühmten Christkindlsmärkten in Nürnberg, Frankfurt, Augsburg oder München gehört, die jedes Jahr Tausende von Besuchern aus dem In- und Ausland anlocken. Doch gibt es auch eine Vielzahl von kleinen Märkten, die oft nur an einem einzigen Tag oder auch nur an einem Wochenende stattfinden und dennoch ihren ganz speziellen Charme haben – sei es durch ihre romantische Lage in einer verwinkelten Altstadt oder einem Schloßhof oder sei es durch ihr hochwertiges Angebot an Kunsthandwerk. Viele Menschen wissen oft gar nicht, welche Märkte ihre unmittelbare Umgebung zu bieten hat – mit Sicherheit läßt sich hier noch die eine oder andere Entdeckung machen! Um Ihnen

Ihre Entdeckungsreise durch die deutsche Weihnachtsmarkt-Landschaft etwas zu erleichtern, stellen wir Ihnen hier eine Reihe von Christkindlsmärkten vor, die Sie ganz sicher in Weihnachtsstimmung versetzen werden. Wer weiß, vielleicht ist ja auch einer in Ihrer Nähe dabei?

Dabei geben wir offen zu, daß es sich bei den aufgeführten Märkten um eine rein subjektive Auswahl handelt, bei der wir vor allem auf Informationen von Fremdenverkehrsämtern und Veranstaltern zurückgegriffen haben. Hierfür noch einmal unseren herzlichen Dank. Wegen des frühen Redaktionsschlusses (März 2000) sind Terminverschiebungen leider nicht ganz ausgeschlossen. Planen Sie eine Anreise von weiter her, lohnt sich deshalb mit Sicherheit ein Anruf unter der beim jeweiligen Markt angegebenen Telefonnummer.

Gleichzeitig wollen wir alle Leser und Leserinnen bitten, uns Informationen und Material über Weihnachtsmärkte zukommen zu lassen, die Sie in einer zukünftigen Ausgabe dieses Buches sehen wollen. Bitte schicken Sie Anregungen und Tips, aber auch jede Art von Kritik an die

Medien-Agentur Gerald Drews
Neuschwansteinstraße 25a
86163 Augsburg
Kennwort: Weihnachtsmarkt

Und nun viel Spaß beim Schmökern und vor allem bei Ihrem nächsten Weihnachtsmarkt-Bummel!

Ihre Herausgeber

Um Ihnen das Zurechtfinden in unserem Buch etwas zu erleichtern, haben wir folgende Piktogramme als Orientierungshilfe eingeführt:

Kinderprogramm

Kunsthandwerk

Musikalisches Rahmenprogramm

Traditioneller Markt
(historische Altstadt, alte Handwerkskunst etc.)

Postleitzahlenbereich 0

Schafwolle
7.-
100 g
100 g 10.00

01109 Dresden

Striezelmarkt

Der Dresdner Striezelmarkt kann einen ganz besonderen Superlativ für sich verbuchen. Er ist der älteste Weihnachtsmarkt Deutschlands. Bereits seit 1434 wird er regelmäßig abgehalten, zunächst als freier Fleischmarkt und nur am Heiligabend. Wegen des großen Zuspruchs wurde der Markt im Laufe der Jahrhunderte immer wieder verlängert, heute dauert er die gesamte Adventszeit. Reisegruppen aus ganz Europa zieht es während dieser Zeit in die sächsische Landeshauptstadt.

Seinen Namen hat der Striezelmarkt einem Gebäck zu verdanken, das untrennbar mit der Stadt verbunden ist: dem Dresdner Christstollen. Im Mittelhochdeutschen bezeichnete der Begriff »Strutzel« oder »Striezel« ein Hefegebäck in länglicher, teils geflochtener Form, das auf dem Striezelmarkt verkauft wurde. Später wurde dieses Gebäck zwar in »Stollen« umbenannt, der Markt behielt jedoch seinen Namen. Typisch für den Striezelmarkt ist neben dem Stollen und der Lichtertanne auch der Pflaumentoffel, ein kleiner Mann aus Backpflaumen, der früher vor allem von Kindern aus den ärmeren Schichten gefertigt und verkauft wurde. Auch heute noch ist er ein beliebter Glücksbringer.

Besonders geprägt ist der Markt von Holzerzeugnissen aus dem Erzgebirge: So werden hier u.a. Nußknacker, Räuchermännchen, Spieldosen und Weihnachtspyramiden verkauft. Eine ganz spezielle Pyramide ist jedoch unverkäuflich: mitten auf dem Altmarkt steht zur Weihnachtszeit die größte Weihnachtspyramide der Welt mit einer Höhe von 14,48 Meter, einem Durchmesser von 5,50 Meter sowie Figuren mit einer Höhe von bis zu 1,40 Meter.

Was ist geboten?

Ungefähr 230 Stände sind hier zu finden. Ein besonderer Höhepunkt ist das Stollenfest. Am Samstag vor dem zweiten Advent backen Mitglieder des Schutzverbandes Dresdner Stollen e.V. einen Riesenstollen mit einem Gewicht von etwa 3.000 Kilogramm. Nach einem Umzug durch die Innenstadt wird das Gebäck mit einem 1,60 Meter langen Messer angeschnitten und dann für einen guten Zwecke verkauft. Außerdem bietet der Striezelmarkt eine Handwerkerhütte, eine Weihnachtsmann-Werkstatt sowie ein tägliches kulturelles Rahmenprogramm mit Theater, Weihnachtssingen und Konzerten.

Weitere Informationen
Landeshauptstadt Dresden
Amt für Landwirtschaft
und Marktwesen
Wiener Straße 44
01069 Dresden
Tel. 03 51/4 88 16 00
www.dresden.de

Wann und Wo?
Der Dresdner Striezelmarkt findet jedes Jahr auf dem Dresdner Altmarkt statt, das nächste Mal vom 2. Dezember bis 23. Dezember 2000.

04103 Leipzig

Weihnachtsmarkt

Wann und Wo?

Die Tradition des Leipziger Weihnachtsmarktes reicht bis ins Jahr 1767 zurück. Er findet jedes Jahr in der Innenstadt von Leipzig (Hauptbereich: Marktplatz vor dem Alten Rathaus) statt. Die nächsten Termine sind vom 1. Dezember bis 22. Dezember 2000 und vom 30. November bis 22. Dezember 2001.

Was ist geboten?

Ungefähr 260 Stände sind hier zu finden. Besonders zeichnet sich der Markt durch das gehobene Niveau seiner Stände und Kinderfreundlichkeit aus. Auf die kleinen Marktbesucher wartet u.a. eine weihnachtliche Bastelstube, ein Märchenspiel und Kindertanz. Nicht versäumen sollten Sie die traditionellen Turmbläser, die täglich vom Balkon des Alten Rathauses musizieren.

Weitere Informationen

Leipzig Tourist Service e.V.
Richard-Wagner-Straße 1
04109 Leipzig
Tel. 03 41/71 04 310
www.leipzig.de

Christkind'l-Markt

Im südlichen Sachsen-Anhalt liegt der historische Kurort Bad Lauchstädt, in dem auch schon Johann Wolfgang von Goethe weilte. 1791 übernahm er die Leitung des dortigen Theaterspiels, 1802 wurde gar nach seinen Plänen ein Theater errichtet. Ein Höhepunkt im Veranstaltungskalender der Stadt ist mit Sicherheit der Christkind'l-Markt.

Wann und Wo?

Er findet jedes Jahr vom Freitag vor dem zweiten Advent bis einschließlich dem dritten Adventssonntag statt, das nächste Mal vom 8. Dezember bis 17. Dezember 2000. Veranstaltungsort ist der Kurpark von Bad Lauchstädt.

Was ist geboten?

Zu finden sind dort etwa 40 Verkaufsstände und Kolonnaden. Neben dem weihnachtlichen Treiben erwartet den Besucher ein faszinierendes Lichtermeer, ein übergroßes Christkindel auf dem Teich des Kurparks, eine Weihnachtspyramide, Schwibbogen und Märchenfiguren. Kleine Marktbummler können sich auf einer Kindereisenbahn und einem Karussell vergnügen. Wer will, kann sein Glück an einer Losbude versuchen oder an einer Tombola mit vielen attraktiven Preisen teilnehmen. Auch so läßt sich so manches Weihnachtsgeschenk erwerben! Begleitet wird der Markt von zahlreichen musikalischen Veranstaltungen.

Weitere Informationen

Historische Kuranlagen und Goethe-Theater Bad Lauchstädt GmbH
Parkstraße 18
06246 Bad Lauchstädt
Tel. 03 46 35/2 03 00
www.bad-lauchstaedt.de

06295 Lutherstadt Eisleben

Eisleben Weihnachtsmarkt

Auf dem Marktplatz der Lutherstadt Eisleben können Besucher jedes Jahr in eine duftende und glitzernde Weihnachtswelt eintauchen. Lichterketten, eine Weihnachtspyramide, eine Krippe und natürlich ein festlich beleuchteter Weihnachtsbaum verbreiten ein weihnachtliches Flair in der historischen Altstadt.

Wann und Wo?

Das nächste Mal findet der Eisleber Weihnachtsmarkt vom 2. Dezember bis 17. Dezember 2000 statt.

Was ist geboten?

Etwa 40 Stände bieten ein gut gemischtes Sortiment an: So kann man hier u.a. Holzerzeugnisse aus dem Erzgebirge (Schwibbögen, Pyramiden, Nußknacker usw.), Porzellan, Keramik, Christbaumschmuck, Spielwaren, Kunsthandwerk aus Indien und Afrika sowie Kleintextilien erstehen. Zahlreiche kulinarische Köstlichkeiten laden zum Schlemmen ein: Süßwaren wie gebrannte Mandeln, kandierte Früchte, Nüsse und Stollen lassen Besuchern ebenso das Wasser im Munde zusammenlaufen wie deftige Speisen, darunter Nürnberger Bratwürste oder Sauerkraut. Aufwärmen können Sie sich bei einer Tasse Nürnberger Glühwein und anderen Glühweinspezialitäten. Damit auch die kleinen Marktbummler nicht zu kurz kommen, gibt es ein Kinderkarrussel. Auch schaut täglich der Weihnachtsmann mit einem Sack voller Geschenke vorbei. Abgerundet wird der Marktbetrieb durch ein buntes Kulturprogramm mit zahlreichen Konzerten und musikalischen Darbietungen.

Weitere Informationen

Eigenbetrieb Märkte der Lutherstadt Eisleben
Zum Sportplatz 15
06295 Lutherstadt Eisleben
Tel. 0 34 75/92 56 11
www.lutherstadt.eisleben.de

06547 Stolberg

Weihnachts-markt

Seine malerische Atmosphäre gewinnt der Weihnachtsmarkt in Stolberg im Harz durch die historische Kulisse der Fachwerkhäuser aus dem 15. bis 17. Jahrhundert.

Wann und Wo?

Der Markt findet das nächste Mal vom 16. Dezember bis 17. Dezember 2000 in der Rittergasse in Stolberg statt.

Was ist geboten?

An etwa 40 Buden können Marktbesucher weihnachtliche Waren wie Schnitzereien und andere Handwerksprodukte erwerben. Nicht fehlen dürfen auch allerlei Leckereien wie Stolberger Wurstwaren und Stolberger Weihnachstgebäck. Verschiedene Musikgruppen geben ihre Künste zum Besten.

Weitere Informationen

Tourist Information Stolberg/Harz
Markt 2
06547 Stolberg
Tel. 03 46 54/8 01-50
Fax 03 46 54/8 01-11

06886 Wittenberg

Weihnachtsmarkt

Wann und Wo?

Der Weihnachtsmarkt in Wittenberg findet vom 24. November bis 20. Dezember 2000 auf dem historischen Marktplatz und in den angrenzenden Gassen statt. Geöffnet ist werktags von 9.00 bis 19.00 Uhr, sonntags von 11.00 bis 19.00 Uhr.

Was ist geboten?

An rund 50 Buden können Besucher handwerkliche Produkte, Kunst aus dem Erzgebirge und allerlei Leckereien erstehen. Diverse Musikgruppen, wie z.B. Bläser, sorgen für eine musikalische Umrahmung des Marktes. Kinder kommen besonders bei einer Fahrt mit der Kindereisenbahn auf ihre Kosten. Auch der Weihnachtsmann höchstpersönlich gibt sich täglich in Wittenberg die Ehre.

Weitere Informationen

Stadtinformation
Mittelstraße 34a
06886 Wittenberg
Tel. 0 34 91/41 08 04
www.wittenberg.de

07743 Jena

Weihnachts-markt

Wann und Wo?

Alle Jahre wieder wird die Jenaer Altstadt mit unzähligen Lichtern erhellt, die die thüringische Stadt in ein weihnachtliches Lichtermeer tauchen. Auch heuer findet vom 1. bis 21. Dezember 2000 der Weihnachtsmarkt auf dem historischen Marktplatz und den umliegenden Straßen in Jena statt.

Was ist geboten?

Etwa 130 Stände sind hier zu finden, an denen Besucher allerlei Weihnachtliches vom kleinen Geschenk bis hin zu Süßigkeiten erstehen können. Darüber hinaus ist ein täglich wechselndes Programm musikalischer Darbietungen geboten. Feste Bestandteile des Marktes sind die Weihnachtskrippe in einer Hütte, eine Weihnachtspyramide und eine bildliche Darstellung der Weihnachtsgeschichte unter dem großen Christbaum. Auf keinen Fall entgehen lassen sollten Sie sich das tägliche Turmblasen vom Rathausturm (17.00 Uhr). Am Wochenende ist das Spektakel noch eindrucksvoller, denn dann wechseln sich Musiker aus dem Obergeschoß des Stadtmuseums »Göhre« mit den Musikanten im Rathausturm ab, so daß die weihnachtlichen Klänge über den ganzen Rathausplatz schallen. Ein weiterer beliebter Höhepunkt des Marktes ist der Nikolauschor, der jeweils am 6. Dezember alte und neue Weihnachtslieder zum Besten gibt. In den rot-weißen Kostümen stecken die etwa 30 Mitglieder des Rothensteiner Männerchores. Besonders vor verschneiter Kulisse geben sie ein farbenprächtiges Bild ab. Auch Kinder kommen voll auf ihre Kosten. Auf sie wartet u.a. ein Puppentheater und ein kleiner Rummelplatz. Damit auch für das leibliche Wohl gesorgt ist, können Marktbummler sich an allerlei Spezialitäten laben. Ganz oben auf der Liste steht hier neben weihnachtlichem Gebäck und kandierten Früchten natürlich die Thüringer Bratwurst.

Weitere Informationen

Stadtverwaltung Jena
Postfach 10 03 38
07703 Jena
Tel. 0 36 41/49-25 14
www.jena.de

Märchenmarkt

Märchenhaft mutet der Weihnachtsmarkt von Gera an, denn er hat sich ganz diesem Thema verschrieben. So werden bei der Budengestaltung des Marktes Märchenmotive umgesetzt und überlebensgroße Märchenfiguren beleben das Marktgeschehen. Als hervorragende Kulisse für dieses zauberhafte Treiben eignet sich dabei der historische Marktplatz mit dem Rathaus im Hintergrund.

Wann und Wo?

Der Märchenmarkt in Gera findet das nächste Mal vom 27. November bis 23. Dezember 2000 statt. Veranstaltungsort ist der Marktplatz der Stadt. Vom Bahnhof und vom Busbahnhof kann man den Markt gut zu Fuß erreichen.

Was ist geboten?

An etwa 60 bis 70 Ständen wird allerlei Weihnachtliches zum Verkauf angeboten. Natürlich kommt auch das leibliche Wohl nicht zu kurz. Am Eröffnungstag und an den Wochenenden wartet der Markt mit einem umfangreichen Rahmenprogramm auf. Unter anderem unterhalten dann Bläsergruppen, Puppenspieler und Straßenmusikanten die Marktbummler mit ihren Künsten. Täglich um 16.00 Uhr hat der Weihnachtsmann Sprechstunde. Wer einen dringenden Wunsch hat, sollte sich diesen Termin also auf jeden Fall notieren!

Weitere Informationen

Kultur + Kongreß Zentrum Gera
Schloßstraße
07545 Gera
Tel. 03 65/61 90
Fax 03 65/8 32 14 29
www.gera.de

Schneeberger Erzgebirgsweihnacht

Wann und Wo?

In weihnachtlichem Glanz erstrahlt die Stadt Schneeberg jedes Jahr zur Adventszeit, wenn hier die Erzgebirgsweihnacht stattfindet, das nächste Mal vom 2. Dezember bis 22. Dezember 2000.

Was ist geboten?

Geboten ist neben zahlreichen Buden und Ständen, die mit allerlei Köstlichkeiten und erzgebirgischen Holzprodukten locken, eine ganze Reihe von Veranstaltungen für kleine und große Marktbesucher. Konzerte, Turmblasen vom Rathausturm (jeweils mittwochs um 17.30 Uhr) und Adventssingen stehen dabei ebenso auf dem Programm wie ein Krippenspiel. Teil der Schneeberger Weihnacht ist auch das Lichtelfest, das am 9. Dezember und 10. Dezember 2000 stattfindet und ganz im Zeichen der Bergleute steht. Zu den Höhepunkten des Festes zählt dann auch der Bergaufzug der Bergbrüderschaft »Schneeberger Bergparade« und eine nächtliche Bergparade mit Zeremoniell auf dem Markt. Daneben werden auch traditionelle Handwerke und Volkskünste wie Schnitzen, Klöppeln, Zinngießen und Drechseln vorgeführt. Festbesucher müssen allerdings einen Festanhänger für 6,00 DM erwerben, Kinder unter sechs Jahren haben freien Eintritt.

Weitere Informationen

Tourist-Information des Fremdenverkehrs- und Kulturvereins der Bergstadt Schneeberg e.V.
Markt 1
08289 Schneeberg
Tel. 0 37 72/2 03 14
www.schneeberg.de

09456 Annaberg-Bucholz

Weihnachts-markt

Wann und Wo?

Der Weihnachtsmarkt in Annaberg-Buchholz findet zum nächsten Mal vom 1. bis 23. Dezember 2000 auf dem Marktplatz statt. Geöffnet ist täglich von 10.00 bis 19.00 Uhr.

Was ist geboten?

An rund 60 Ständen werden vor allem Produkte aus dem Erzgebirge angeboten: Schnitzereien, Drechsel- oder Klöppelarbeiten. Auch regionale Spezialitäten wie Annaberger Christstollen und Annaberger Hutzenkuchen dürfen dabei nicht fehlen. Diverse Musikgruppen geben ihre Künste zum Besten und sorgen damit für weihnachtliche Atmosphäre. Im Mittelpunkt des Marktes steht die Weihnachtspyramide, die zur Markteröffnung angeschoben wird.

Weitere Informationen

Tourismusverband Erzgebirge e.V.
Johannisgasse 23
09456 Annaberg-Buchholz
Tel. 0 37 33/1 88 00-0
www.annaberg-buchholz.de

Weitere Weihnachtsmärkte in diesem Postleitzahlenbereich

02625 Bautzen:
Weihnachtsmarkt, 1. bis 17. Dez. 2000

06406 Bernburg:
Heele Christ Markt, 1. bis 22. Dez. 2000

09111 – 09131 Chemnitz:
Weihnachtsmarkt, 1. bis 21. Dez. 2000

01665 Diera-Zehren:
Weihnachtsmarkt, 3. Dez. 2000

01612 Diesbar-Seußlitz:
Weihnachtsmarkt, 3. Dez. 2000

01705 Freital:
Weihnachtsmarkt auf Schloß Burgk, 2. bis 3. Dez. und 9. bis 10. Dez. 2000

02826 – 02828 Görlitz:
Christkindelmarkt, 15. bis 17. Dez. 2000

01809 Heidenau:
Weihnachtsmarkt, 2. Dez. 2000

01824 Königstein/Sachsen:
Historisch-romantischer Weihnachtsmarkt »Königstein, ein Wintermärchen«, 2. Dez., 9. Dez. und 16. Dez. 2000

08258 Markneukirchen:
Vogtländer Adventsmarkt, 1. bis 3. Dez. 2000

08258 Markneukirchen-Breitenfeld:
9. bis 10. Dez. 2000

01662 Meißen:
Meißner Weihnacht, 3. bis 23. Dez. 2000

06618 Naumburg:
Weihnachtsmarkt, 6. bis 20. Dez. 2000

01844 Neustadt/Sachsen:
Weihnachtsmarkt, 14. Dez. 2000

06484 Quedlinburg:
Weihnachtsmarkt, 1. bis 31. Dez. 2000

01734 Rabenau:
Rabenauer Weihnachtsschau, 3. Dez. 2000

01877 Rammenau:
Nikolausfest auf Schloß Rammenau, 3. Dez. 2000

01814 Reinhardtsdorf:
Weihnachtsmarkt, 10. Dez. 2000

06526 Sangerhausen:
Weihnachtsmarkt, 15. bis 23. Dez. 2000

01814 Schöna:
Weihnachtsmarkt, 2. Dez. und 10. Dez. 2000

08261 Schöneck:
Weihnachtsmarkt, 28. Nov. 2000

01855 Sebnitz:
Weihnachtsmarkt, 2. Dez. 2000

01829 Stadt Wehlen:
Weihnachtsmarkt, 2. Dez. 2000

01833 Stolpen:
Weihnachtsmarkt, 4. Dez. 2000

06502 Thale:
Weihnachtsmarkt, 1. bis 31. Dez. 2000

07570 Weida:
Romantischer Weihnachtsmarkt auf der Osterburg, 16. bis 17. Dez. 2000

Postleitzahlenbereich 1

10000 Berlin

Weihnachtsmarkt

Wann und Wo?

In einer so großen Stadt wie Berlin gibt es natürlich nicht nur einen Weihnachtsmarkt. Für Touristen am besten zu erreichen ist der Markt am Breitscheidplatz rund um die Gedächtniskirche. Das nächste Mal findet er vom 22. November bis 26. Dezember 2000 statt.

Was ist geboten?

Neben dem Erwerb von Kunsthandwerk und Zuckerzeug hat der Besucher hier auch die Möglichkeit, Handwerkern bei der Fertigung ihrer Waren über die Schulter zu sehen.

Weitere Informationen

Berlin Tourismus Marketing
Am Karlsbad 11
10785 Berlin
Tel. 0 30/25 00 25
www.berlin.de

Altpotsdamer Weihnachtsmarkt

Was ist geboten?

Neben Geschenkideen, weihnachtlichen Produkten und kulinarischen Köstlichkeiten wartet Potsdam mit einem bunten Rahmenprogramm mit Adventskonzerten und Ausstellungen auf.

Wann und Wo?

Der Altpotsdamer Weihnachtsmarkt findet das nächste Mal vom 30. November bis 23. Dezember 2000 in der Innenstadt von Potsdam vom Brandenburger Tor bis zum Holländischen Viertel statt.

Weitere Informationen

Potsdam Touristik GmbH
Gutenbergstraße 89
14467 Potsdam
Tel. 03 31/29 86 00
Fax 03 31/2 98 60 10
www.potsdam.de

17221 Neustrelitz

Weihnachtsmarkt

Ganz und gar weihnachtlich zeigt sich Neustrelitz anläßlich seines Weihnachtmarktes auf dem Marktplatz. Alle zuführenden Straßen sind dann festlich illuminiert, auf dem Mittelpunkt des Marktplatzes stehen gewachsene Tannen, die ebenfalls in weihnachtlicher Pracht erstrahlen. Seinen Charakter gewinnt der Neustrelitzer Weihnachtsmarkt auch durch die einheitlich gestalteten und beleuchteten Stände, die ihn nicht nach einem Wochenmarkt aussehen lassen. Zudem sind zwölf Fenster des Rathauses als Transparent gestaltet.

Wann und Wo?

Das nächste Mal kleidet sich Neustrelitz vom 7. Dezember bis 9. Dezember 2000 in sein weihnachtliches Festgewand. Veranstaltungsort ist der Marktplatz.

Was ist geboten?

Auch vom Programm her ist in Neustrelitz manches geboten. Es gibt ein ganztägiges Kinderprogramm mit unterschiedlichen Angeboten, zudem tritt auch täglich der Weihnachtsmann auf. Für Leckerbissen musikalischer Art sorgen die Musikschule Mecklenburg-Strelitz, der Neustrelitzer Seniorenchor sowie das Blechbläserquartett Neustrelitz, das täglich vom Balkon des Rathauses zu den Besuchern des Weihnachtsmarktes spielt.

Weitere Informationen

Stadtverwaltung
Neustrelitz/Kulturamt
Markt 1
17235 Neustrelitz
Tel. 03 981/2 53-0
Fax 03 981/20 54 43
www.neustrelitz.de

17291 Prenzlau

Weihnachtsmarkt

Wann und Wo?

In Prenzlau findet das nächste Mal vom 9. bis 17. Dezember 2000 ein Weihnachtsmarkt statt. Veranstaltungsort ist der Lange Markt im Stadtzentrum.

Was ist geboten?

30 weihnachtlich dekorierte Holzhütten bieten Geschenkartikel, Christbaumschmuck und adventliche Leckereien an.

Darüber hinaus sorgen diverse Fahrgeschäfte für Vergnügen. Samstags und sonntags findet auf der Showbühne ein musikalisches Rahmenprogramm statt.

Weitere Informationen

Stadtinformation Prenzlau
Uckerwiek 813
17291 Prenzlau
Tel. 0 39 84/86 51 41
Fax 0 39 84/86 51 49
www.prenzlau.de

18055 Rostock

Weihnachts-markt

Alle Jahre wieder erstrahlt die alte Hansestadt Rostock mit ihren Backsteingiebeln und Bürgerhäusern in weihnachtlichem Glanz. In der ganzen Innenstadt herrscht dann buntes Markttreiben am größten Weihnachtsmarkt in Norddeutschland, mit rund 200 Ständen und Fahrgeschäften.

Wann und Wo?

Das nächste Mal wird Rostock vom 25. November bis 20. Dezember 2000 Gastgeber für Weihnachtsmarktfreunde sein. Der Markt verteilt sich über die gesamte Innenstadt.

Was ist geboten?

Eröffnet wird der Rostocker Weihnachtsmarkt traditionell vom Weihnachtsmann, der jedes Jahr mit wechselnden, vorher geheimgehaltenen Fahrzeugen anreist. Er bleibt dann auch bei den Rostockern und lädt die Kleinen jeden Nachmittag zu einer Weihnachtsmann-Sprechstunde ein, bei der sie ihre Wunschzettel abgeben können. Überhaupt ist in Rostock einiges für die Kinder geboten: auf dem Universitätsplatz erhebt sich eine Märchenschloß-Bühne, die Schauplatz für Märchenspiele ist, zudem gibt es einen Märchenwald. Eine weitere Besonderheit des Rostocker Weihnachtsmarktes sind die Fahrgeschäfte wie Riesenrad, Karussell und neueste Attraktionen, so daß auch Jahrmarktsatmosphäre aufkommt. Doch nicht nur Vergnügungssüchtige und Kinder kommen in Rostock auf ihre Kosten: es werden zahlreiche kulinarische Spezialitäten wie Rostocker Rauchwurst, Warnemünder Räucherfleisch, gebackene Bananen und vieles mehr angeboten, natürlich auch der ebenso obligatorische wie beliebte Glühwein. Zudem, für die Weihnachtsmarktatmosphäre unerläßlich, bieten in Rostock zahlreiche Marktstände Kunsthandwerk und ähnliches feil, man findet hier Thüringer Glaskunst neben Holzspielzeug, Keramik und Nußknackern aus dem Erzgebirge.

Weitere Informationen

Großmarkt Rostock GmbH
Güterverkehrszentrum
Hanseatenstraße 5
18146 Rostock
Tel. 03 81/6 09 03-0
Fax 03 81/6 09 03-20
www.rostock.de

19055 Schwerin

Mäkelborger Weihnachtsmarkt

In vorweihnachtlichem Glanz erstrahlt die Schweriner Altstadt jedes Jahr zur Adventszeit. »Wat tau kieken – wat tau köpen« (»Was zu gucken, was zu kaufen«) lautet das Motto des dortigen Weihnachtsmarktes.

Wann und Wo?

Der Mäkelborger Weihnachtsmarkt findet das nächste Mal vom 30. November bis 21. Dezember 2000 in der Schweriner Altstadt statt. Geöffnet ist werktags von 10.00 bis 20.00 Uhr, sonntags von 11.00 bis 20.00 Uhr.

Was ist geboten?

An rund 100 Ständen können Marktbesucher ihre Weihnachtseinkäufe tätigen: Keramik, Christbaumschmuck, Glaswaren, Holzspielzeug, Kunsthandwerk und vieles mehr verlocken dann zum Geldausgeben. Hunger und Durst muß auch in Schwerin niemand leiden, denn traditionelle weihnachtliche Spezialitäten erfreuen den Gaumen. Für die Kinder stehen Karussells zur Verfügung, und der Weihnachtsmann läßt sich ebenfalls regelmäßig in Schwerin blicken. Für Unterhaltung sorgt ein buntes Bühnenprogramm, zu dem auch die Partnerstädte Växjö (Schweden), Tallinn (Estland) und Odense (Dänemark) ihren Beitrag leisten.

Weitere Informationen

Werbeunion Schwerin
Ziegeleiweg 3
19057 Schwerin
Tel. 03 85/48 97 50
Fax 03 85/4 89 75 42
www.schwerin.de

Weitere Weihnachtsmärkte in diesem Postleitzahlenbereich

17087 Altentreptow:
Weihnachtsmarkt, 6. bis 9. Dez. 2000

18209 Bad Doberan:
Weihnachtliches Cityfest, 9. Dez. 2000

17139 Basedow:
Adventsmarkt im Schafstall, 2. bis 3. Dez. 2000

10000 Berlin:
Weihnachtsmarkt des Schaustellerverbandes (Nähe Alexanderplatz), 22. Nov. bis 22. Dez. 2000; Nostalgischer Weihnachtsmarkt (rund um das Opernpalais), 22. Nov. bis 26. Dez. 2000; Weihnachtsmarkt am Potsdamer Platz, 29. Nov. bis 22. Dez. 2000

13583 Berlin-Spandau:
Weihnachtsmarkt, 3. Dez. 2000

14548 Caputh:
Weihnachtsmarkt, 9. bis 10. Dez. 2000

17109 Demmin:
Weihnachtsmarkt, 15. bis 17. Dez. 2000

14548 Ferch:
Weihnachtsmarkt, 25. bis 26. Nov. 2000

14542 Geltow:
Weihnachtsmarkt, 2. Dez. 2000

14715 Großwudicke:
Weihnachtsmarkt, 3. Dez. 2000

18273 Güstrow:
Weihnachtsmarkt, 8. bis 22. Dez. 2000

19230 Hagenow:
Weihnachtsmarkt, 8. bis 10. Dez. 2000

18276 Lohmen:
Weihnachtsmarkt, 2. bis 3. Dez. 2000

14715 Milow:
Weihnachtsmarkt, 9. Dez. 2000

14641 Nauen:
Weihnachtsmarkt, 16. bis 17. Dez. 2000

18181 Ostseeheilbad Graal-Müritz:
Adventsmarkt, 2. bis 3. Dez. 2000

14467 – 14482 Potsdam:
Sinterklaas Weihnachtsmarkt im Holländischen Viertel, 16. bis 17. Dez. 2000

14727 Premnitz:
Weihnachtsmarkt, 2. bis 3. Dez. 2000

14712 Rathenow:
Weihnachtsmarkt, 2. bis 17. Dez. 2000

17153 Reuterstadt Stavenhagen:
Mecklenburgischer Weihnachtsmarkt, 2. bis 3. Dez. 2000

16303 Schwedt/Oder:
Weihnachtsmarkt in der Innenstadt, 12. bis 17. Dez. 2000

18435 – 18439 Stralsund:
Weihnachtsmarkt, 2. Dez. 2000

17291 Warnitz:
Weihnachtsmarkt, 16. Dez. 2000

Postleitzahlenbereich 2

Hanseatischer Weihnachtsmarkt

Drei geschmückte Holztore stehen am Eingang zum Hanseatischen Weihnachtsmarkt in der Hansestadt Hamburg. Beim Duft von Zimt und Glühwein können jung und alt hier nach Herzenslust bummeln.

Wann und Wo?

Der Hanseatische Weihnachtsmarkt findet das nächste Mal vom 27. November bis 23. Dezember 2000 auf dem Gänsemarkt in Hamburg statt. Geöffnet ist täglich von 10.00 bis 20.00 Uhr, donnerstags bis 21.00 Uhr.

Was ist geboten?

Klein, aber fein - so könnte man das Angebot des Hanseatischen Weihnachtsmarktes umschreiben. An den 26 Holzbuden mit ihren blau-gelben Baldachinen kann man u.a. Kinderspielzeug, Duftöle, Schmuck, Gewürze und allerlei andere weihnachtliche Waren erstehen. Kinder können auf einem nostalgischen Karussell ihre Runden drehen. Nicht entgehen lassen sollten Sie sich auch die Auftritte der »Hamburger Alsterspatzen«, die mit Weihnachtsliedern feierliche Stimmung verbreiten.

Weihnachtsmarkt in der Innenstadt

In der Hamburger Innenstadt findet ebenfalls ein Weihnachtsmarkt statt, das nächste Mal vom 27. November bis 23. Dezember 2000. In der Mönckebergstraße und der Spitalerstraße locken dann Leckereien und weihnachtliche Produkte.

Weitere Informationen

Tourismus-Zentrale Hamburg
Steinstraße 7
20095 Hamburg
Tel. 0 40/3 00 51-0
Fax 0 40/30 05 12 20
www.hamburg.de

21335 Lüneburg

Christmarkt bei St. Michaelis

In jahrhundertealter Tradition steht der Christmarkt in Lüneburg, und dies sieht man auch: hier wird ein winterlicher Markt aus dem 16. Jahrhundert möglichst originalgetreu dargestellt.

Was ist geboten?

Es gibt die entsprechenden Buden, Kostüme und Produkte, ohne Strom und Musik aus der Konserve. Die alten Häuser rund um den Johann-Sebastian-Bach-Platz vor der St.Michaeliskirche verleihen dem vorweihnachtlichen Markt einen besonderen Zauber. Für die Besucher ist neben den verkauften Waren auch Bewirtung geboten, abends wird bei Kerzenlaternenlicht alte Musik dargeboten, es gibt Tiere und Planwagen. Zudem besteht die Möglichkeit, die gotische Michaeliskirche zu besichtigen.

Wann und Wo?

Das nächste Mal kehrt der Zauber einer vergangenen Adventszeit am 2. Dezember und 3. Dezember 2000 rund um die Michaeliskirche in Lüneburg ein. Geöffnet ist dann am Samstag von 12.00 bis 19.00 Uhr, am Sonntag von 11.00 bis 18.00 Uhr.

Weitere Informationen

Arbeitskreis
Lüneburger Altstadt e.V.
Untere Ohlingerstraße
821335 Lüneburg
Tel. 0 41 31/3 24 86
Fax 0 41 31/3 70 95
www.lueneburg.de

23552 Lübeck

Kunsthandwerker Weihnachtsmarkt im Heiligen-Geist-Hospital

Anspruchsvolles Kunsthandwerk in mittelalterlichem Ambiente findet der Besucher beim Kunsthandwerk-Weihnachtsmarkt im Lübecker Heilig-Geist-Hospital. Die weihnachtlich geschmückte Kirchenhalle, die Wohnkabäuschen des Langhauses und das Kellergewölbe des Heiligen-Geist-Hospitales mit Wandmalereien und Kunstschätzen verleihen dem Markt ein besonderes mittelalterliches Flair.

Wann und Wo?

Das nächste Mal findet der Markt vom 1. Dezember bis 11. Dezember 2000 statt. Veranstaltungsort ist das Heiligen-Geist-Hospital am Koberg in Lübeck.

Was ist geboten?

Aus ganz Deutschland und Nordeuropa kommen die Aussteller zum Kunsthandwerker-Weihnachtsmarkt und es gibt eine breite Palette an Kunsthandwerk von Keramik bis Holz, von Glas bis Gold oder Zinn und viele Materialien mehr

zu betrachten bzw. zu kaufen. Zudem werden auch Puppen, Marionetten, Bücher, Aquarelle, Radierungen und viele liebenswerte Kleinigkeiten angeboten.

Weitere Informationen

Deutscher Verband Frau und Kultur e.V., Gruppe Lübeck
Hauptstraße 8a
23860 Klein Wesenberg
Tel. 0 45 33/85 35

23552 Lübeck

Weihnachtsmärkte

Wann und Wo?

In Lübeck befinden sich Weihnachtsmärkte auf dem Rathausmarkt, in der Breiten Straße, also den Altstadtstraßen rund um das Rathaus, sowie auf dem Koberg, das nächste Mal vom 27. November bis 23. Dezember 2000.

Was ist geboten?

Hier werden Lebkuchen, Glühwein, Spielzeug, Christbaumschmuck und vieles mehr angeboten. Natürlich darf auch die passende Musik nicht fehlen.

Weitere Informationen

Bereich Märkte
Schlüsselbuden 16, 23539 Lübeck
Tel. 04 51/1 22 71 70
Fax 04 51/1 22 12 04
www.luebeck.de

23966 Wismar

Weihnachts-markt

In Wismar kommt der Weihnachtsmann, wie es sich für eine Hafenstadt gehört, nicht mit dem Schlitten, sondern mit dem Schiff an. Dies ist zugleich auch die Eröffnung des Wismarer Weihnachtsmarktes. Zusammen mit den Kindern und einem Spielmannzug zieht er dann zum Weihnachtsmarkt auf dem Marktplatz.

Wann und Wo?

Das nächste Mal findet der Wismarer Weihnachtsmarkt vom 2. Dezember bis 20. Dezember 2000 statt.

Was ist geboten?

Umgeben vom erleuchteten Rathaus und hübschen Giebelhäusern bieten etwa 40 Stände dem Besucher ein reichhaltiges Angebot. Die Palette reicht hier von Holzspielzeug über Christbaumschmuck bis zu saisontypischen Köstlichkeiten wie Glühwein, kandierten Äpfeln und vieles mehr. Eine Besonderheit des Wismarer Weih-

nachtsmarktes stellt die Weihnachtsbühne dar, auf der ein abwechslungsreiches Programm geboten wird: Theaterstücke, ein Ballett, die Musikschule, Geschichtenerzähler und eine Kinderliedbühne. Selbstverständlich macht sich dort der Weihnachtsmann nicht rar.

Weitere Informationen
Tourist-Information
Am Markt 11, 23966 Wismar
Tel. 0 38 41/1 94 33
www.wismar.de

24103 Kiel

Weihnachtsmarkt

Die schleswig-holsteinische Landeshauptstadt zeigt sich im Dezember von ihrer strahlendsten Seite. Ein Lichtermeer mit unzähligen glänzenden Weihnachtssternen bringt die Innenstadt zum Leuchten.

Wann und Wo?
Der Weihnachtsmarkt in Kiel findet das nächste Mal vom 20. November bis 23. Dezember 2000 statt. Veranstaltungsort ist die Innenstadt zwischen Holstenplatz, Alter Markt, Asmus-Bremer-Platz und Berliner Platz.

Was ist geboten?
Neben Handwerksarbeiten wie Keramik oder Holzschnitzereien verlocken zahlreiche Leckereien die Marktbesucher zum Schlemmen. Kinder können sich auf einem Karussell austoben.

Weitere Informationen
Tourist Information Kiel
Sophienblatt 30, 24103 Kiel
Tel. 04 31/6 79 10-0
Fax 04 31/67 54 39
www.kiel.de

25348 Glückstadt

Glückstädter Weihnachtsmarkt

Was ist geboten?

Rund 60 Stände sind inmitten der historischen Altstadt aufgebaut. Zusätzlich findet ein Hobbykünstlermarkt und eine Ausstellung im Detlefsen-Museum zu weihnachtlichen Themen statt, so gab es 1998 beispielsweise eine Ausstellung von Krippen.

Wann und Wo?

Auf dem historischen Marktplatz von Glückstadt findet am 2. Dezember und 3. Dezember 2000 der Glückstädter Weihnachtsmarkt statt.

Weitere Informationen

Verkehrs- und Gewerbeverein Glückstadt e.V.
Große Nübelstraße 31
25348 Glückstadt
Tel. 0 41 24/93 75 85
www.glueckstadt.de

25980 Morsum/Sylt

»Jööltir ön Muasem«

Wann und Wo?

Der Morsumer Weihnachtsmarkt findet das nächste Mal vom 1. Dezember bis 3. Dezember 2000 im Muasem Hüs in der Bahnhofstraße in Morsum/Sylt statt.

Was ist geboten?

Auf diesem traditionellen Sylter Weihnachtsmarkt erwartet den Besucher eine große Auswahl an Geschenkartikeln, Bastel- und Handarbeiten. Auch allerhand kulinarische Köstlichkeiten verlocken zum Schlemmen und Genießen.

Weitere Informationen
Bädergemeinschaft Sylt
Stephanstraße 6
25980 Westerland/Sylt
Tel. 0 46 51/82 02-0
Fax 0 46 51/82 02 22
www.sylt.de

26121 Oldenburg

Lambertimarkt

Wann und Wo?

2000 findet der Lambertimarkt vom 30. November bis 23. Dezember wie immer auf dem Rathausmarkt und dem Schloßplatz statt.

Was ist geboten?

Der Lambertimarkt in Oldenburg steht als stiller und besinnlicher Markt in der Tradition deutscher Weihnachtsmärkte. An etwa 90 Ständen wird das geboten, was man sich von Weihnachtmärkten wünscht und erwartet. Außerdem gibt es ab dem 6. Dezember täglich Besuche vom Nikolaus, an den Adventssamstagen spielt eine Bläsergruppe vom Balkon des alten Rathauses.

Weitere Informationen
Stadt Oldenburg
Markt 1
26122 Oldenburg
Tel. 04 41/2 35-0
www.oldenburg.de

28195 Bremen

Weihnachts-markt

Auch in Bremen verleiht man der Innenstadt in der Adventszeit weihnachtlichen Glanz mit dem Bremer Weihnachtsmarkt. Die historischen Fassaden verleihen eine besonders stimmungsvolle Atmosphäre.

Wann und Wo?

2000 findet der Bremer Weihnachtsmarkt vom 30. November bis 23. Dezember auf dem Marktplatz, im Domshof, im Liebfrauenkirchhof und im Ansgarikirchhof statt.

Was ist geboten?

Dort sind dann über 170 Stände, Zelte und Karussells aufgebaut. Eine Besonderheit des Bremer Weihnachtsmarktes ist immer das Nikolauslaufen. Am Vorabend des Nikolaustages ziehen die Kinder vermummt mit geschwärzten Gesichtern umher und betteln mit Liedern in den Häusern um Gaben. Tägliches Spektakel gibt es bei dem Adventskalender, der vom Weihnachtsmann und einem Prominenten geöffnet wird. Sonntags bieten die Bremer Turmbläser im Anschluß an den Gottesdienst im St.-Petri-Dom um 11.00 Uhr ihr Können dar.

Weitere Informationen

Bremer Touristik Zentrale GmbH
Findorfstraße 105, 28215 Bremen
Tel. 04 21/3 08 00-0
www.bremen.de

29221 Celle

Celler Weihnachtsmarkt

Süßer klingen die Glocken in Celle nie als zum Weihnachtsmarkt auf dem »Großen Plan« in der Celler Altstadt. Umgeben von alten Fachwerkhäusern kehrt eine feierliche Atmosphäre in der durchgängig beleuchteten Fußgängerzone ein, und über allem ragt ein riesiger Weihnachtsbaum. Eine Besonderheit ist auch die fünf Meter hohe Weihnachtspyramide, auf der biblische Figuren dargestellt werden, sowie eine große Krippe, in der die Weihnachtsgeschichte mit bis zu einem Meter großen Figuren aufgebaut ist.

Wann und Wo?
Vom 1. bis 22. Dezember 2000 findet der Celler Weihnachtsmarkt auf dem »Großen Plan« das nächste Mal statt.

Was ist geboten?

In 50 originell gestalteten Ständen wird Kunsthandwerk, Spielzeug, Christbaumschmuck und ähnliches verkauft, zudem natürlich die traditionellen weihnachtlichen Leckereien. Auch musikalisch kommt der Besucher hier auf seine Kosten, es gibt Konzerte in der Stadtkirche sowie samstags und sonntags Bläserplatzkonzerte. Besonders für Kinder ist einiges geboten: es gibt ein Karussell, der Nikolaus kommt am 6. Dezember vorbei, und im Zelt des Jugendtreffs Wietzenbruch können die Kleinen unter Aufsicht spielen und basteln, ohne daß die Eltern dabei sein müssen.

Weitere Informationen

Tourismus Region Celle GmbH
Markt 6, 29221 Celle
Tel. 0 51 41/12 12
Fax 0 51 41/1 24 59
www.celle.de

29342 Wienhausen

Nostalgischer Weihnachtsmarkt

Wann und Wo?

Nostalgie und Tradition stehen in Wienhausen beim Nostalgischen Weihnachtsmarkt hoch im Kurs, der 2000 am 9. Dezember und 10. Dezember auf dem Rathausplatz und vor dem Kloster abgehalten wird.

Was ist geboten?

Dort sind 180 Stände aufgebaut, an denen die Aussteller ausschließlich selbst hergestellte Waren darbieten.

Weitere Informationen

Verkehrsverein Flotwedel
Hauptstraße 7, 29342 Wienhausen
Tel. 0 51 49/88 95
www.wienhausen.de

29456 Hitzacker/Elbe

Adventsmarkt

Wann und Wo?

Ganz auf Nostalgie wird beim Adventsmarkt in Hitzacker gesetzt, der 2000 am 16. Dezember im Museumshof und in den angrenzenden Straßen stattfinden wird. Bummeln kann man hier von 11.00 bis 18.00 Uhr.

Was ist geboten?

Neben dem Markt mit seinen Buden, Bewirtung und Musik gibt es hier auch Theateraufführungen und Lesungen.

Weitere Informationen

Kurverwaltung Hitzacker/Elbe
Weinbergsweg 2,
29456 Hitzacker/Elbe
Tel. 0 58 62/9 69 70
www.hitzacker.de

29471 Gartow

Gartower Weihnachtsmarkt

Wann und Wo?

Am 9. Dezember 2000 findet auf dem Schloßhof in Gartow wie schon seit Jahren der Weihnachtmarkt statt.

Was ist geboten?

Hier geht es besonders romantisch zu: alle Fenster des Schlosses sind dann mit Kerzen beleuchtet und auf dem Schloßhof steht ein riesiger Weihnachtsbaum. Auf über vierzig Ständen bieten Kunsthandwerker ihre Arbeiten dar. Von Holzspielzeug über Lederwaren, Keramik bis zu Glasschmuck und vielem mehr ist sicher für jeden Geschmack etwas dabei. Die Künstler arbeiten in Werkstätten und Ateliers in der Umgebung. Untermalt wird der winterliche Bummel von Posaunenchören. Zudem kommen auch die Kleinsten auf ihre Kosten: im Gewölbe des benachbarten Brauhauses werden Märchen erzählt und der Nikolaus verteilt Geschenke. Schließlich kann man auf dem Gartower Weihnachtsmarkt auch äußerst schmackhaft speisen.

Weitere Informationen

Kur- und See-GmbH Gartow
Springstraße 14
29471 Gartow
Tel. 0 58 46/82 17
Fax 0 58 46/82 55
www.gartow.de

Weitere Weihnachtsmärkte in diesem Postleitzahlenbereich

21385 Amelinghausen:
Weihnachtsmarkt, 9. bis 10. Dez. 2000

23611 Bad Schwartau:
Weihnachtsmarkt, 23. Nov. bis 22. Dez. 2000; Zwergenwald, 27. Nov. bis 26. Dez. 2000

21357 Bardowick:
Weihnachtsmarkt, 17. Dez. 2000

29468 Bergen:
Weihnachtsmarkt, 2. bis 3. Dez. 2000

21354 Bleckede:
Weihnachtsmarkt, 2. Dez. 2000

29320 Hermannsburg:
Weihnachtsmarkt, 9. bis 10. Dez. 2000

25524 Itzehoe:
Weihnachtsmarkt der Kunsthandwerker, 1. Dez. 2000

25361 Krempe:
Weihnachtsmarkt, 3. Dez. 2000

29331 Lachendorf:
Weihnachtsmarkt, 9. bis 10. Dez. 2000

21481 Lauenburg:
Weihnachtsmarkt, 16. bis 23. Dez. 2000

21335 – 21339 Lüneburg:
Weihnachtsmarkt »Giebel im Licht«, 29. Nov. bis 22. Dez. 2000

25980 Morsum/Sylt:
Friesischer Weihnachtsmarkt, 24. bis 26. Nov. 2000

24211 Preetz:
Weihnachtsmarkt an der Stadtkirche, 1. bis 3. Dez. 2000; Weihnachtsmarkt am Kloster, 17. Dez. 2000

25712 Quickborn:
Weihnachtlicher Kunsthandwerkermarkt, 10. Dez. 2000

24768 Rendsburg:
Weihnachtsmarkt, 27. Nov. bis 24. Dez. 2000

21224 Rosengarten-Ehestorf:
Weihnachtsmarkt, 2. bis 3. Dez. 2000

21224 Rosengarten-Vahrendorf:
Weihnachtsmarkt, 16. bis 17. Dez. 2000

21370 Scharnebeck:
Weihnachtsmarkt, 10. Dez. 2000

29640 Schneverdingen:
Weihnachtsmarkt, 8. bis 10. Dez. 2000

23758 Weissenhäuser Strand:
2. bis 3. Dez., 9. bis 10. Dez. und 17. bis 18. Dez. 2000

25599 Wewelsfleth:
Vorweihancht, 2. bis 3. Dez. 2000

25554 Wilster:
Weihnachtsmarkt, 2. bis 3. Dez. 2000

Postleitzahlenbereich 3

31134 Hildesheim

Weihnachts-markt

Rund um das altehrwürdige Rathaus von Hildesheim findet alljährlich ein Weihnachtsmarkt der obersten Güteklasse statt. Beim Duft von Lebkuchen und Apfelpunsch findet hier wohl ein jeder noch ein besonderes Weihnachtsgeschenk. Dazu rühmt sich die niedersächsische Stadt, jeden Tag mit einer anderen Überraschung aufzuwarten.
Ein Besuch des Marktes lohnt sich also durchaus auch mehrmals!

Wann und Wo?

Das nächste Mal findet der Hildesheimer Weihnachtsmarkt vom 26. November bis 23. Dezember 2000 statt, und zwar täglich von 10.00 bis 20.00 Uhr. Veranstaltungsorte sind der Marktplatz und der Platz An der Lilie.

Was ist geboten?

Insgesamt laden in Hildesheim über 70 geschmückte Holzhäuschen zum Bummeln ein. Auf dem Marktplatz wird allerlei Handwerkskunst angeboten, weihnachtliche Leckerbissen fehlen hier natürlich auch nicht. Kindern macht vor allem eine Fahrt auf dem Nostalgie-Karussell oder der Nostalgie-Eisenbahn Spaß, die den Marktbrunnen umkreist. Auch hinter dem Rathaus ist viel geboten: Holz- und Blechspielzeug, kulinarische Köstlichkeiten und Handwerkskunst werden verkauft. Auch hier können sich Kinder auf einem Karussell und einem historischen Riesenrad vergnügen. Wer Glück hat, bekommt in Hildesheim sogar den Weihnachtsmann höchstpersönlich zu Gesicht.

Weitere Informationen

Hildesheimer Veranstaltungs GbR
Rathausstraße 8, 31134 Hildesheim
Tel. 01 72/5 63 84 45
www.hildesheim.de

Was ist geboten?

An etwa 55 weihnachtlich dekorierten Stände können Marktbummeler hauptsächlich Kunsthandwerk, aber auch allerlei Leckerbissen erwerben. Für Kinder gibt es ein eigenes Kinderprogramm. Diverse Musikgruppen sorgen für ein musikalisches Rahmenprogramm.

Weitere Informationen

Tourist Information GmbH
Deisterallee 3, 31785 Hameln
Tel. 0 51 51/2 02-619
Fax 0 51 51/2 02-500
www.hameln.de

31785 Hameln

Weihnachtsmarkt

Über hundert Jahre alt ist der Weihnachtsmarkt in Hameln - 1882 wurde er zum ersten Mal in der Stadt im Weserbergland abgehalten. Dabei verleihen ihm die Bauwerke der Weserrenaissance und die Fachwerkhäuser in der historischen Altstadt ein einzigartiges Flair, das Besucher aus nah und fern zum Bummeln anlockt.

Wann und Wo?

Der Weihnachtsmarkt in Hameln findet das nächste Mal vom 1. Dezember bis 22. Dezember 2000 in der Osterstraße und auf dem Pferdemarkt statt. Geöffnet ist montags bis donnerstags von 10.00 bis 20.00 Uhr, freitags und samstags von 10.00 bis 21.00 Uhr und sonntags von 11.00 bis 20.00 Uhr.

33098 Paderborn

Weihnachtsmarkt

Jedes Jahr zur Weihnachtszeit erstrahlt die Innenstadt von Paderborn in festlichem Glanz.

Wann und Wo?
Das nächste Mal findet hier vom 29. November bis 21. Dezember 2000 der Weihnachtsmarkt in der Fußgängerzone statt.

Was ist geboten?
Geboten ist neben 65 Buden auch eine nostalgische lebende Krippe auf dem Rathausplatz; verschiedene Konzerte begleiten den Markt. Kleine Marktbesucher können sich auf Märchenlesungen, das Christkindltelefon und den Feuerwehrkaspar freuen.

Weitere Informationen
Verkehrsverein Paderborn
Marienplatz 2 a, 33098 Paderborn
Tel. 0 52 51/88 29 80
Fax 0 52 51/88 29 90
www.paderborn.de

34117 Kassel

Märchen-Weihnachtsmarkt

In Kassel kommen jedes Jahr zur Weihnachtszeit Märchenfreunde ganz besonders auf ihre Kosten. Der Märchenweihnachtsmarkt ist jedes Jahr einem anderen Märchen der Gebrüder Grimm, die einen Teil ihres Lebens in Kassel verbrachten, gewidmet.

Wann und Wo?

Dieses Jahr steht der Markt unter dem Motto »Froschkönig«, er findet vom 27. November bis 23. Dezember 2000 statt. Die Öffnungszeiten sind montags bis freitags 10.30 Uhr bis 20.00 Uhr, samstags und sonntags von 10.30 bis 19.00 Uhr. Veranstaltungsorte sind der Königsplatz und der Friedrichsplatz in der Kassler Innenstadt.

Was ist geboten?

Insgesamt sind etwa 120 Buden auf dem Weihnachtsmarkt zu finden, die natürlich märchenhaft dekoriert sind. Zahlreiche Kunsthandwerker bieten ihre Produkte feil und lassen sich bei ihrer Arbeit, z.B. beim Töpfern und Drechseln, über die Schulter blicken. Außerdem laden kulinarische Köstlichkeiten wie Zimtsterne, Glühwein, Met und Spanferkel mit verführerischen Düften zum Verzehr ein. Doch nicht nur heimische Produkte werden angeboten, auch Kassels Partnerstädte Rovaniemi (Finnland), Västerås (Schweden) und Jaroslawl (Rußland) tragen mit Kunsthandwerk und landestypischen Spezialitäten zum Marktgeschehen bei. Im »Gepäck« haben sie weihnachtliche Symbolfiguren aus ihren Ländern. So sind an den Adventssonntagen die Lichterkönigin Lucia aus Schweden, Väterchen Frost aus Rußland und niemand geringerer als Santa Clauss höchstpersönlich in Kassel zu Gast. Besonders begeistert sind natürlich Kinder vom Märchenweihnachtsmarkt, denn sie können sich im wahrsten Sinne des Wortes »wie im Märchen« vorkommen. Für leuchtende Augen sorgt auch der fünf mal sechs Meter große freistehende Adventskalender. Hinter den 24 Fenstern verbergen sich Darstellungen von Märchenszenen, die Kinder liebevoll entworfen haben. Jeden Tag um 16.00 Uhr wird ein weiteres Fenster des Adventskalenders geöffnet. Doch auch für ältere Marktbesucher ist in Kassel einiges geboten: So gibt es auf der Bühne des Adventskalenders ein täglich wechselndes Programm. Die Kassel Service GmbH bietet auch ein Pauschalangebot zum Weihnachtsmarkt an.

Weitere Informationen

Kassel Service GmbH
Königsplatz 53, 34117 Kassel
Tel. 05 61/707 707
Fax 05 61/70 77-200
www.kassel.de

35037 Marburg

Weihnachtsmarkt

Wann und Wo?

Der Marburger Weihnachtsmarkt findet das nächste Mal vom 26. November bis 17. Dezember 2000 in der malerischen Oberstadt rund um die gotische Elisabethkirche statt.

Was ist geboten?

Neben zahlreichen Ständen mit weihnachtlichen Produkten und Speisen wartet die Stadt mit einem umfangreichen Rahmenprogramm auf.

Weitere Informationen

Marburg Tourismus
und Marketing GmbH
Pilgrimstein 26, 35037 Marburg
Tel. 0 64 21/99 12-0
www.marburg.de

35781 Weilburg an der Lahn

Weihnachtsmarkt

Der Besucher des Weilburger Weihnachtsmarktes wird schon am Stadteingang begrüßt: Lebensgroße Holzfiguren in Form von Bergmännern heißen groß und klein willkommen. Auf dem mit Lichtern überdachten Marktplatz herrscht Weihnachtsstimmung, auch der größte Adventskranz der Region ist hier zu bestaunen.

Wann und Wo?

Das nächste Mal findet der Weihnachtsmarkt in Weilburg an der Lahn vom 9. Dezember bis 10. Dezember 2000 und vom 16. Dezember bis 17. Dezember 2000 auf dem historischen Marktplatz statt.

Was ist geboten?

Rund 45 Stände verlocken die Besucher zum Schlemmen und Einkaufen. Zur musikalischen Umrahmung tragen Bläsergruppen bei. Auch Fahrten mit der Pferdekutsche durch die Altstadt kann man unternehmen. Bei Kindern erfreuen sich vor allem das Karussell, die lebende Krippe mit Esel und Schafen sowie die Kinder-Winter-Olympiade großer Beliebtheit.

Weitere Informationen

Fremdenverkehrs-Marketing GmbH
Mauerstraße 6
35781 Weilburg
Tel. 0 64 71/13 30
Fax 0 64 71/3 81 59
www.weilburg.de

36037 Fulda

Weihnachtsmarkt

Die Stadt Fulda ist dem Weihnachtsfest auf ganz spezielle Weise verbunden. Sie verfügt nämlich über eine lange Tradition der Wachsindustrie und somit auch der Kerzenherstellung. In der Nachkriegszeit stammten zeitweilig rund 50 Prozent der deutschen Wachswaren aus Fulda. Ganz besonders leuchtet die Stadt natürlich zur Adventszeit.

Wann und Wo?

Das nächste Mal findet der Weihnachtsmarkt in Fulda vom 1. Dezember bis 22. Dezember 2000 auf dem Borgiusplatz statt. Geöffnet ist dabei montags bis samstags von 11.00 bis 20.00 Uhr, sonntags von 12.30 bis 19.00 Uhr.

Was ist geboten?

Allerlei festlich geschmückte Buden laden mit Geschenkideen und Leckereien zum Bummeln und Schlemmen ein. Für die Kinder unter den Marktbesuchern finden regelmäßig Aufführungen eines Kindertheaters statt; jeweils am Mittwoch

ist Kindertag mit ermäßigten Preisen. Beliebt ist auch die Weihnachtskrippe mit lebenden Schafen. Für weihnachtliche Klänge sorgen Turmbläser und verschiedene Konzerte in der Stadtpfarrkirche. Vom 3. Dezember 2000 bis 7. Januar 2001 findet eine Internationale Krippenausstellung statt. In der Aula der Alten Universität sind dann Weihnachtskrippen aus aller Welt zu sehen. Das Tourismus- und Kongreßmanagement Fulda bietet Pauschalarrangements zum Markt an.

Weitere Informationen
Tourismus- und
Kongreßmanagement Fulda
Schloßstraße 1, 36037 Fulda
Tel. 06 61/1 02-18 13
Fax 06 61/1 02-28 11
www.fulda.de

36110 Schlitz

Schlitzer Weihnacht

Wer schon immer einmal die größte Kerze der Welt sehen wollte, sollte sich zur Adventszeit ins hessische Schlitz begeben: Mit einer Höhe von 42 Metern überragt sie die Häuser der historischen Altstadt und lockt Besucher aus nah und fern nach Schlitz.

Wann und Wo?
Die Schlitzer Weihnacht findet immer an den Adventswochenenden statt, die nächsten Termine sind: 2. Dezember und 3. Dezember 2000, 9. Dezember und 10. Dezember 2000, 16. Dezember und 17. Dezember 2000 und 23. Dezember 2000. Öffnungszeiten sind jeweils 13.00 bis 19.00 Uhr. Veranstaltungsort ist der historische Altstadtkern, insbesondere der Marktplatz.

Was ist geboten?

Insgesamt bieten etwa 40 Händler weihnachtliche Waren und Leckereien an. Es müßte sich also sicher die eine oder andere Geschenkidee finden lassen. Darüber hinaus untermalen zahlreiche Musikgruppen den Markt mit weihnachtlichen Klängen. Auch der Nikolaus gibt sich regelmäßig in Schlitz die Ehre. Unumstrittene Attraktion ist jedoch die Weihnachtskerze, die sogar im Guinnessbuch der Rekorde verzeichnet ist. Mit einem Lift kann man bis auf 36 Meter Höhe hinauffahren und den Blick über die Dächer der Schlitzer Altstadt genießen. Im übrigen hat der Markt auch seine eigene Währung: den Burgentaler.

Weitere Informationen
Burgenstadt Schlitz · Der Magistrat
Postfach 280, 36105 Schlitz
Tel. 0 66 42/9 70-0
Fax 0 66 42/9 70-55
www.schlitz.de

36304 Alsfeld

Weihnachtsmarkt

Wann und Wo?

Vor der historischen Kulisse der mittelalterlichen Stadt mit ihren zahlreichen Fachwerkhäusern und dem wunderschönen Rathaus findet auf dem Marktplatz der Weihnachtsmarkt in Alsfeld statt, das nächste Mal vom 8. Dezember bis 17. Dezember 2000.

Was ist geboten?

34 Weihnachtshütten laden die Besucher zum Bummeln und Schlemmen ein, auch eine lebende Krippe ist hier geboten. Regelmäßig steht auch ein Glühweinabend auf dem Programm. Darüber hinaus bieten Kinder- und Posaunenchöre ein musikalisches weihnachtliches Rahmenprogramm.

Weitere Informationen
Magistrat der Stadt Alsfeld
Postfach 560
36295 Alsfeld
Tel. 0 66 31/1 82-0
Fax 0 66 31/1 82-152

Weihnachtsmarkt der Burg Schwarzenfels

Vor historischer Kulisse findet in der Gemeinde Sinntal alljährlich ein beliebter Weihnachtsmarkt statt. Die Burg Schwarzenfels wurde im späten 13. Jahrhundert von den Herren von Hanau als Amts- und Gerichtssitz errichtet und im 16. und 17. Jahrhundert zur Residenz umgebaut. Die Hauptburg verfiel mit der Zeit zunehmend, doch zeugen ihre Überreste nach wie vor von der Vergangenheit des alten Gemäuers.

Wann und Wo?

Das nächste Mal findet der Weihnachtsmarkt auf der Burg Schwarzenfels vom 2. Dezember bis 3. Dezember 2000 statt. Die hessische Gemeinde Sinntal-Schwarzenfels liegt zwischen Schlüchtern und Bad Brückenau. Wer über die A 66 anreist, verläßt diese an der Ausfahrt Schlüchtern, von der A 7 nimmt man die Abfahrt Bad Brückenau.

Was ist geboten?

An den etwa 60 bis 70 Ständen werden neben Kunsthandwerk auch bäuerliche Erzeugnisse verkauft. Viele Handwerker sind im Einklang mit der historischen Kulisse in alte Trachten gekleidet. Zahlreiche Musik- und Singgruppen sorgen für musikalische Untermalung des Marktes. Ein Höhepunkt ist jedes Jahr der Besuch des Nikolauses, der auf einem Hundeschlitten in der Burg Einzug hält.

Weitere Informationen

Gemeindeverwaltung
Postfach 11 52
36389 Sinntal
Tel. 0 66 64/80-0
Fax 0 66 64/80-19

37073 Göttingen

Weihnachtsmarkt

In Göttingen versteht man, Weihnachten zu feiern. So lockt der alljährliche Weihnachtsmarkt jedes Jahr zahlreiche Besucher in die niedersächsische Stadt, die alle nur eines im Sinn haben: sich in echte Weihnachtsstimmung versetzen zu lassen.

Was ist geboten?

Neben den vielen Ständen, die allerhand weihnachtlichen Krimskrams und schmackhafte Speisen anbieten, wartet Göttingen mit einem musikalischen Rahmenprogramm auf: Im Alten Rathaus finden Chor- und Orchesterkonzerte statt, auf dem Markt selbst geben Bläsergruppen ihre Künste zum Besten.

Wann und Wo?

Das nächste Mal findet der Göttinger Weihnachtsmarkt vom 29. November bis 23. Dezember 2000 statt. Bummeln kann man dann rund um das Alte Rathaus.

Weitere Informationen

Tourist-Information
Markt 9
37073 Göttingen
Tel. 05 51/5 40 00
Fax 05 51/400- 29 98
www.goettingen.de

38100 Braunschweig

Weihnachtsmarkt

Auf eine lange Tradition kann der Braunschweiger Weihnachtsmarkt zurückblicken: Die Veranstaltung beruht auf einem Messeprivileg von 1681 durch Herzog Rudolf August. Auch heute noch zieht der Markt zahlreiche Besucher an, die sich gerne von der historischen Kulisse mit dem Braunschweiger Löwen verzaubern lassen. Einen besonders schönen Blick auf den Weihnachtsmarkt hat man vom Rathausturm aus – dort hinauf werden Führungen angeboten.

Wann und Wo?

Das nächste Mal findet der Braunschweiger Weihnachtsmarkt vom 29. November bis 28. Dezember 2000 statt. Veranstaltungsorte sind Burgplatz und Domplatz. Besucher werden gebeten, die Park-&-Ride-Angebote zu nutzen. So fährt z.B. vom Messegelände im Süden der Stadt samstags ein Sonderbus zum Burgplatz.

Was ist geboten?

An rund 110 Ständen erwartet die Marktbummler ein großes weihnachtliches Angebot. Dabei achtet die Stadt Braunschweig sorgfältig darauf, daß der Anteil an Imbiß und Ausschank 20 Prozent nicht überschreitet. Ob Christbaumschmuck, Holzspielzeug, Seidenmalerei

oder Töpferwaren – ein jeder wird hier wohl ein passendes Geschenk finden. Für eine weihnachtliche Atmosphäre sorgen tägliche Chorauftritte. Auch für Kinder ist hier eine Menge geboten: Für sie gibt es Theater-, Bastel- und Märchenstunden, während sich ihre Eltern in Ruhe mit dem Weihnachtsmann besprechen können. Die Künstler unter den Marktbesuchern können an einer Foto- und Malaktion zum Thema »Braunschweiger Weihnachtsmarkt« teilnehmen.

Weitere Informationen
Stadt Braunschweig
Postfach 3309
38023 Braunschweig
Tel. 05 31/470-1
www.braunschweig.de

38300 Wolfenbüttel

Weihnachtsmarkt

Vor der historischen Kulisse des Rathauses von Wolfenbüttel findet auf dem romantischen Stadtmarkt alljährlich der Weihnachtsmarkt statt. Beim Duft von heißen Maronen und Glühwein stellt sich hier ganz bestimmt Weihnachtsstimmung ein. Nicht versäumen sollte man einen Marktbummel bei Dunkelheit: Über 2500 Lichter lassen dann die Fenster des Rathauses in festlichem Glanz erstrahlen.

Wann und Wo?

Das nächste Mal findet der Weihnachtsmarkt vom 30. November bis 24. Dezember 2000 statt, und zwar täglich von 10.00 bis 20.00 Uhr. Veranstaltungsort ist der Stadtmarkt.

Was ist geboten?

Zahlreiche Holzhütten verführen mit Naschereien, Spezialitäten und Kunsthandwerk zum Schlemmen und Geldausgeben. Kinder sollten sich eine Uhrzeit ganz besonders merken: Täglich um 16.00 Uhr kommen die guten Geister des Weihnachtsmarktes, Wölfchen und Büttelchen, und verteilen Süßigkeiten und Lose. Dabei hat ein Kind ganz besonderes Glück: Es darf zusammen mit Wölfchen und Büttelchen die »Sternenzaubertür« des Rathauses öffnen und sich ein Geschenk abholen. Eine Besonderheit des Marktes ist die Weihnachtsolympiade: Dabei veranstaltet jeden Tag ein anderer Anbieter einen Wettbewerb – wie z.B. Ringe werfen, Wettpuzzeln oder Mandel-Weitspucken. Auf die Sieger wartet natürlich ein Preis. Für eine weihnachtliche Atmosphäre sorgen außerdem verschiedene Musikgruppen und Chöre. Eine Märchentante liest allen braven Kindern Weihnachtsgeschichten vor.

Weitere Informationen

Stadtmarketing Wolfenbüttel
Schloßplatz 2, 38304 Wolfenbüttel
Tel. 0 53 31/92 58 88
Fax 0 53 31/90 29 48
www.wolfenbuettel.com

38640 Goslar

Weihnachtsmarkt

Der wunderschöne Marktplatz der Kaiserstadt Goslar erstrahlt alljährlich zur Weihnachtszeit in festlichem Glanz, wenn auf diesem geschichtsträchtigen Boden der Weihnachtsmarkt stattfindet.

Die mittelalterliche Häuserkulisse und das historische Rathaus verleihen dem adventlichen Treiben eine stimmungsvolle Atmosphäre.

Wann und Wo?

Das nächste Mal findet der Weihnachtsmarkt vom 29. November bis 29. Dezember 2000 auf dem Marktplatz von Goslar statt. Geöffnet ist täglich von 10.00 bis 20.00 Uhr, mit Ausnahme der Weihnachtstage, an denen folgende Öffnungszeiten gelten: 24. Dezember: 10.00 bis 13.00 Uhr, 25. und 26. Dezember: 12.00 bis 19.00 Uhr.

Was ist geboten?

Rund 40 Aussteller bieten in ihre Waren an, dabei legt die Stadt Goslar besonderen Wert auf handwerkliche und kunsthandwerkliche Stände, damit die Besucher ein abwechslungsreiches Angebot vorfinden. Dazu gibt es ein umfangreiches musikalisches Rahmenprogramm. Am 6. Dezember stellt sich ein ganz spezieller Gast ein: der Nikolaus verteilt Geschenke an die Kinder unter den Marktbummlern.

Weitere Informationen:

Stadt Goslar
Rosentorstraße 27
38640 Goslar
Tel. 0 53 21/75 78-0
Fax 0 53 21/75 78-75
www.goslar.de

Weitere Weihnachtsmärkte in diesem Postleitzahlenbereich

36211 Alheim-Baumbach:
Weihnachtsmarkt, 3. Dez. 2000

36211 Alheim-Heinebach:
Weihnachtsmarkt, 9. Dez. 2000

35614 Aßlar:
Weihnachtsmarkt, 2. bis 3. Dez. 2000

32832 Augustdorf:
Weihnachtsmarkt, 2. bis 3. Dez. 2000

34454 Bad Arolsen:
Weihnachtsmarkt,
30. Nov. bis 3. Dez. 2000

34308 Bad Emstal:
Märchenhafter Weihnachtsmarkt
in Sand, 16. bis 17. Dez. 2000

36251 Bad Hersfeld:
Weihnachtsmarkt, 2. bis 23. Dez. 2000

33175 Bad Lippspringe:
Weihnachtsmarkt, 2. bis 3. Dez. 2000

36364 Bad Salzschlirf:
Weihnachtsmarkt, 3. Dez. 2000

34537 Bad Wildungen:
Weihnachtsmarkt, 7. bis 10. Dez. 2000

34596 Bad Zwesten:
Weihnachtsmarkt, 15. bis 17. Dez. 2000

35088 Battenberg:
Weihnachtsmarkt, 10. Dez. 2000

35088 Battenberg-Laisa:
Weihnachtsmarkt, 2. bis 3. Dez. 2000

36179 Bebra:
Weihnachtsmarkt, 1. bis 3. Dez. 2000

35216 Biedenkopf:
Weihnachtsmarkt, 15. bis 17. Dez. 2000

34434 Borgentreich:
Adventsmarkt, 2. Dez. 2000

34582 Borken:
Weihnachtsmarkt, 26. Nov. und 8. bis 10. Dez. 2000; Weihnachtsbasar in Grombeth, 3. Dez. 2000

33034 Brakel:
Nikolausmarkt, 7. bis 10. Dez. 2000

35619 Braunfels:
Braunfelser Christkindlsmarkt, 9. bis 10. Dez. 2000

32257 Bünde:
Weihnachtsmarkt, 29. Nov. bis 31. Dez. 2000

33142 Büren:
Nikolausmarkt, 1. bis 3. Dez. 2000

35510 Butzbach:
Weihnachtsmarkt, 2. bis 3. Dez. 2000

38678 Clausthal-Zellerfeld:
Weihnachts- und Wintermarkt, 24. bis 26. Nov. 2000

32756 Detmold:
Weihnachtsmarkt, 9. bis 24. Dez. 2000

34519 Diemelsee-Wirmighausen:
Weihnachtsmarkt, 25. Nov. 2000

34474 Diemelstadt:
Christkindelmarkt, 10. Dez. 2000

35683 Dillenburg:
Weihnachtsmarkt, 14. Dez. 2000

35759 Driedorf:
Weihnachtsmarkt, 3. Dez. 2000

37115 Duderstadt:
Weihnachtsmarkt, 9. bis 17. Dez. 2000

36132 Eiterfeld:
Weihnachtsmarkt, 9. bis 10. Dez. 2000

32699 Extertal:
Weihnachtsmarkt in Bösingfeld, 24. bis 26. Nov. 2000

36103 Flieden:
Weihnachtsmarkt, 10. Dez. 2000

34560 Fritzlar:
Weihnachtsmarkt, 1. bis 3. Dez. 2000

35066 Frankenberg/Eder:
Weihnachtsmarkt, 8. bis 10. Dez. 2000; Weihnachtsbasar, 10. Dez. 2000

35285 Gemünden/Wohra:
Adventsmarkt, 3. Dez. 2000

36129 Gersfeld/Rhön:
Weihnachtsmarkt, 10. Dez. 2000

35390 – 35398 Gießen:
Weihnachtsmarkt, 2. bis 22. Dez. 2000

38518 Gifhorn:
Schloßmarkt zum Advent, 2. bis 3. Dez. 2000

34630 Gilserberg:
Nikolausmarkt, 6. Dez. 2000

35075 Gladenbach:
Adventsmarkt, 1. bis 3. Dez. 2000

36355 Grebenhain:
Weihnachtsmarkt, 10. Dez. 2000

34393 Grebenstein:
Nicolai-Markt, 9. bis 10. Dez. 2000

35753 Greifenstein:
Weihnachtsmarkt, 3. Dez. 2000

35305 Grünberg:
Weihnachtsmarkt, 2. bis 3. Dez. 2000

33330 Gütersloh:
Weihnachtsmarkt,
30. Nov. bis 21. Dez. 2000

35708 Haiger:
Weihnachtsmarkt, 15. Dez. 2000

38820 Halberstadt:
Weihnachtsmarkt,
28. Nov. bis 26. Dez. 2000

33790 Halle/Westfalen:
Nikolausmarkt, 1. bis 3. Dez. 2000

30159 Hannover:
Weihnachtsmarkt,
30. Nov. bis 21. Dez. 2000

33429 Harsewinkel:
Weihnachtsmarkt, 15. bis 17. Dez. 2000

39539 Havelberg:
Weihnachtsmarkt, 7. bis 10. Dez. 2000

34298 Helsa:
Weihnachtsmarkt in Wickenrode,
10. Dez. 2000

36358 Herbstein:
Weihnachtsmarkt, 10. Dez. 2000

32049 Herford:
Weihnachtslicht Weihnachtsmarkt,
27. Nov. bis 23. Dez. 2000

37235 Hessisch Lichtenau:
Nußknacker-Weihnachtsmarkt,
1. bis 23. Dez. 2000

34369 Hofgeismar:
Weihnachtsmarkt, 1. bis 24. Dez. 2000

35644 Hohenahr:
Weihnachtsmarkt, 3. Dez. 2000

35315 Homberg/Ohm:
Weihnachtsmarkt, 9. Dez. 2000

32805 Horn-Bad Meinberg:
Adventsbasar, 2. Dez. 2000;
Christkindelsmarkt, 10. Dez. 2000

37671 Höxter:
Weihnachtsmarkt,
30. Nov. bis 23. Dez. 2000

35410 Hungen:
Weihnachtsmarkt, 9. Dez. 2000

36275 Kirchheim:
Kunsthandwerker-Weihnachtsmarkt,
2. bis 3. Dez. 2000

32791 Lage-Hörste:
Weihnachtsmarkt, 1. bis 23. Dez. 2000;
Hörster Christkindel-Markt, 3. Dez. 2000

35633 Lahnau:
Christnickelsmarkt, 2. bis 3. Dez. 2000;
Adventsmarkt, 9. bis 10. Dez. 2000

35428 Langgöns:
Weihnachtsmarkt, 9. bis 10. Dez. 2000

35321 Laubach:
Weihnachtsmarkt, 14. Dez. 2000

36341 Lauterbach:
Märchenhafter Weihnachtsmarkt,
1. bis 17. Dez. 2000

32657 Lemgo:
Kläschenmarkt, 7. bis 10. Dez. 2000

37276 Meinhard:
Weihnachtsmarkt, 26. Nov. 2000

37290 Meißner:
Weihnachtsmarkt, 3. Dez. 2000

35794 Mengerskirchen:
Nikolausmarkt, 3. Dez. 2000

32423 Minden:
Weihnachtsmarkt,
21. Nov. bis 28. Dez. 2000

34626 Neukirchen/Knüllgebirge:
Weihnachtsmarkt, 9. bis 10. Dez. 2000

35279 Neustadt/Hessen:
Weihnachtsmarkt, 27. Dez. 2000

33039 Nieheim:
Weihnachtsmarkt auf Gut Holzhausen,
15. bis 17. Dez. 2000

34266 Niestetal:
Historischer Weihnachtsmarkt, 16. und 17. Dez. 2000

33813 Oerlinghausen:
Weihnachtsmarkt, 9. bis 10. Dez. 2000

37520 Osterode am Harz:
Weihnachtsmarkt, 1. bis 20. Dez. 2000

34633 Ottrau:
Weihnachtsmarkt, 1. Dez. 2000

36163 Poppenhausen/Wasserkuppe:
Weihnachtsmarkt, 3. Dez. 2000

32261 Preußisch Oldendorf:
Weihnachtsmarkt, 2. bis 3. Dez. und 9. bis 10. Dez. 2000

35466 Rabenau:
Weihnachtsmarkt, 2. Dez. 2000

35447 Reiskirchen:
Weihnachtsmarkt, 2. Dez. 2000

33378 Rheda-Wiedenbrück:
Christkindelmarkt, 1. bis 20. Dez. 2000; Adventskrämchen um die Stadtkirche in Rheda, 6. bis 10. Dez. 2000; Kreativmarkt im Reethus, 9. bis 10. Dez. 2000

33397 Rietberg:
Weihnachtsmarkt, 27. Nov. bis 3. Dez. 2000

36329 Romrod:
Weihnachtsmarkt, 9. bis 10. Dez. 2000

36199 Rotenberg an der Fulda:
Weihnachtsmarkt, 2. bis 17. Dez. 2000

32816 Schieder-Schwalenberg:
Weihnachtsmarkt und historischer Jahrmarkt, 1. bis 3. Dez. 2000

36381 Schlüchtern:
Weihnachtsmarkt, 8. bis 10. Dez. 2000

34613 Schwalmstadt:
Weihnachtsmarkt, 15. bis 17. Dez. 2000

35606 Solms:
Adventsmarkt in Burgsolms, 2. bis 3. Dez. 2000

34286 Spangenberg:
Adventsmarkt, 3. Dez. 2000

37444 St. Andreasberg:
Weihnachtsmarkt, 2. bis 3. Dez. 2000

36396 Steinau an der Straße:
Weihnachtsmarkt, 15. bis 17. Dez. 2000

36142 Tann/Rhön:
Klasmarkt, 21. Dez. 2000

35327 Ulrichstein:
Weihnachtsmarkt, 17. Dez. 2000

34246 Vellmar:
Weihnachtsmarkt, 8. bis 10. Dez. 2000

34471 Volkmarsen:
Weihnachtsmarkt, 8. bis 10. Dez. 2000

34414 Warburg:
Weihnachtsmarkt, 1. bis 3. Dez. 2000; Weihnachtsmarkt in Scherfede, 9. bis 10. Dez. 2000; Weihnachtsmarkt auf dem Altstädter Marktplatz, 16. bis 17. Dez. 2000

38855 Wernigerode:
Weihnachtsmarkt, 25. Nov. bis 23. Dez. 2000

36208 Wildeck:
Weihnachtsmarkt, 3. Dez. 2000

38709 Wildemann:
Weihnachtsbasar, 3. Dez. 2000

37213 Witzenhausen:
Adventsmarkt, 2. bis 3 Dez. 2000; Weihnachtsmarkt, 2. bis 10. Dez. 2000

34466 Wolfhagen:
Weihnachtsmarkt, 1. bis 3. Dez. 2000

34289 Zierenberg:
Weihnachtsmarkt, 2. bis 3. Dez. 2000

Postleitzahlenbereich 4

40000 Düsseldorf

Weihnachtsmärkte

Wann und Wo?

In Düsseldorf gibt es zwei wichtige Weihnachtsmärkte: den Nikolausmarkt in der Altstadt (nächster Termin: 23. November bis 23. Dezember 2000) und den Weihnachtsmarkt am Schadowplatz (nächster Termin: 23. November bis 23. Dezember 2000). Geöffnet ist jeweils montags bis freitags von 11.30 bis 19.30 Uhr, donnerstags von 11.30 bis 20.30 Uhr und am Wochenende von 10.00 bis 19.30 Uhr.

Was ist geboten?

An über 120 Ständen findet der Marktbummler alles, was sein Herz höher schlagen läßt: Leckereien, Glühwein, Geschenkideen, Kinderspielzeug und vieles mehr. Verschiedene musikalische Gruppen geben ihre Künste zum Besten und sorgen damit für ein weihnachtliches Rahmenprogramm. Der Verkehrsverein Düsseldorf bietet zur Vorweihnachtszeit spezielle Reisepakete an.

Weitere Informationen

Verkehrsverein Düsseldorf
Konrad-Adenauer-Platz
40210 Düsseldorf
Tel. 02 11/1 72 02-0
Fax 02 11/16 10 71
www.duesseldorf.de

44000 Dortmund

Weihnachtsmarkt

Bereits zum 102. Mal findet in Dortmund dieses Jahr der Weihnachtsmarkt statt. Eine seiner vielen Attraktionen ist der größte Weihnachtsbaum der Welt. Im letzten Jahr bestand er aus 1700 Fichten und reckte sich in eine stolze Höhe von 45 Metern empor. 10.000 Lichter schmücken das Prachtstück und tauchen den Markt in strahlendes Licht.

Wann und Wo?

Das nächste Mal findet der Weihnachtsmarkt vom 23. November bis 23. Dezember 2000 in der Dortmunder Innenstadt statt. Geöffnet ist montags bis samstags von 10.00 bis 21.00 Uhr, sonntags von 12.00 bis 21.00 Uhr.

Was ist geboten?

An rund 300 Ständen können Marktbummler nach Herzenslust schlemmen und stöbern. Zu finden sind hier unter anderem Christbaumschmuck, handgemachte Puppen, Holzspielzeug und Schmuck. Natürlich kann man seinen Gaumen auch mit weihnachtlichen Leckereien und Glühwein verwöhnen. Für Kinder stehen Karussells und Fahrgeschäfte bereit. Auf der Veranstaltungsbühne unterhalten verschiedene Künstler mit ihren Darbietungen. Ein besonderer Gast darf in Dortmund nicht fehlen: Der Weihnachtsmann wohnt auf dem Markt im Weihnachtsdorf. In seinem gemütlichen Wohnzimmer dürfen ihn die Kinder besuchen und ihren Wunschzettel abgeben.

Weitere Informationen

Verkehrsverein Dortmund
Königswall 18, 44137 Dortmund
Tel. 02 31/14 03 41
www.dortmund.de

46395 Bocholt

Bocholt im Advent erleben

…das ist wahrlich etwas ganz Besonderes, denn der Adventsmarkt lockt nicht nur mit Speis, Trank und Einkaufsvergnügen. Zudem wird nämlich im Handwerkertreff traditionelles Handwerk vorgeführt. Dabei tragen die Handwerker Originaltrachten.

Wann und Wo?

Das nächste Mal findet der Adventsmarkt vom 7. Dezember bis 17. Dezember 2000 auf dem Liebfrauenplatz in der Innenstadt von Bocholt statt.

Was ist geboten?

60 Stände sind sowohl in traditionellen Hütten als auch im Scheunentreff untergebracht und wollen mit allerlei adventlichen Köstlichkeiten und ausgewählten weihnachtlichen Geschenkideen zum Kauf verführen. Besonders malerisch wirkt dabei der Scheunentreff im Fachwerkstil unter dem Sternenhimmel. Ein musikalisches Rahmenprogramm mit Chören, Blasmusik und einem Weihnachts-Jazz-Konzert rundet das Programm des Marktes ab.

Weitere Informationen

Stadtmarketing-Gesellschaft Bocholt GmbH & Co. KG
St.-Georg-Platz 15, 46399 Bocholt
Tel. 0 28 71/22 73 00
Fax 0 28 71/22 73 20
www.bocholt.de

47051 Duisburg

Weihnachtsmarkt

Im kalten Winterwetter kann man sich kaum etwas Schöneres vorstellen, als sich bei einer Tasse Glühwein aufzuwärmen und den Duft und den Geschmack von gebratenen Mandeln zu genießen. Genau dies können Sie auf dem Duisburger Weihnachtsmarkt tun – und natürlich noch vieles andere mehr!

Wann und Wo?

Das nächste Mal findet der Weihnachtsmarkt vom 21. November bis 21. Dezember 2000 in der Duisburger Innenstadt statt. Auf den Haupteinkaufsstraßen Königstraße, Düsseldorfer Straße und Kuhstraße herrscht dann lebhaftes Markttreiben, und zwar täglich von 11.00 bis 20.00 Uhr, an den Wochenenden bis 21.00 Uhr. Die nächsten Haltestellen der öffentlichen Verkehrsmittel sind Hauptbahnhof und König-Heinrich-Platz. Wer mit dem Auto anreist, kann in den zahlreichen Parkhäusern und Tiefgaragen der City parken.

Was ist geboten?

150 Stände laden Marktbesucher zum Bummeln und Schlemmen ein: heiße Maroni, gebrannte Mandeln, Kunsthandwerk, Puppen, Weihnachtsschmuck und Geschenkartikel – hier wird wohl ein jeder fündig. An den Wochenenden sorgt ein Bühnenprogramm für Unterhaltung. Außerdem wartet die Stadt Duisburg mit einem attraktiven Rahmenprogramm auf. 1999 war dies z.B. eine Ski- und Rodelpiste auf dem König-Heinrich-Platz.

Weitere Informationen

Duisburg Agentur GmbH
Königstraße 53
47501 Duisburg
Tel. 02 03/3 05 25-0
www.duisburg.de

47623 Kevelaer

Krippenmarkt

Wann und Wo?

Der Krippenmarkt findet das nächste Mal vom 2. Dezember bis 17. Dezember 2000 in der Marienstadt Kevelaer statt. Veranstaltungsort ist der Rundgang der Pax-Christi-Kapelle, geöffnet ist montags bis freitags von 14.00 bis 18.00 Uhr, samstags und sonntags von 11.00 bis 18.00 Uhr.

Was ist geboten?

Wie sein Name schon sagt, sind auf dem Krippenmarkt hauptsächlich Weihnachtskrippen zu finden. Aber auch Leckereien wie der Kevelaerer Honigkuchen laden Besucher zum Schlemmen ein. An den Wochenenden sorgen Musikgruppen für eine musikalische Umrahmung des Marktes. Kinder zeigen sich besonders von der lebenden Krippe mit echten Tieren begeistert. Wer will, kann sein Glück bei einem Gewinnspiel auf die Probe stellen.

Weitere Informationen

Verkehrsverein Kevelaer
Venloer Straße 33
47623 Kevelaer
Tel. 0 28 32/95 37-0
Fax 0 28 32/95 37-20
www.kevelaer.de

48143 Münster

»Münster leuchtet ins Land«

Unter diesem Motto veranstaltet die Stadt Münster seit 1970 Weihnachtsmärkte und zieht damit jährlich tausende Besucher in die westfälische Stadt. Nicht nur ein einziger – nein, gleich vier Weihnachtsmärkte finden hier jedes Jahr statt. Zahlreiche kleine Lichter in den Fenstern der Giebelhäuser und strahlende Lichterketten in den Bäumen sorgen für eine weihnachtliche Atmosphäre; der Duft von Waffeln,

Glühwein und Bratäpfeln trägt sein Übriges dazu bei, daß bei groß und klein Weihnachtsstimmung aufkommt.

Wann und Wo?

Das nächste Mal leuchtet Münster vom 20. November bis 22. Dezember 2000 ins Land; Öffnungszeiten der Weihnachtsmärkte sind montags bis samstags von 10.00 bis 20.00 Uhr, sonntags von 11.00 bis 20.00 Uhr. Die Märkte finden im Rathaus-Innenhof, am Prinzipalmarkt, am Aegidiimarkt und rund um das Kiepenkerl-Denkmal statt. Alle vier Märkte kann man bequem untereinander zu Fuß erreichen.

Was ist geboten?

Der größte Markt ist mit seinen rund 126 Ständen der Markt im Rathaus-Innenhof. Hier werden unter anderem handgefertigter Christbaumschmuck, weihnachtliche Leckereien und Handwerk aus dem Münsterland verkauft. Kinder können sich auf einem nostalgischen Karussell austoben. Auf dem Prinzipalmarkt findet der Lichtermarkt mit etwa 31 Ständen statt. Auch hier wird neben Speis und Trank Kunsthandwerk angeboten. Rund um das Kiepenkerl-Denkmal wird ein Weihnachtsdorf aufgebaut (ca. 27 Stände). Wer nun immer noch keine passenden Geschenke für seine Lieben gefunden hat, kann auf dem Adventsmarkt am Aegidiimarkt mit seinen rund 60 Buden sein Glück versuchen.

Doch Münster hat zur Weihnachtszeit noch mehr zu bieten als diese vier Märkte. Ein umfangreiches Rahmenprogramm mit Lesungen, Adventsmusik in verschiedenen Kirchen und einer Krippenaustellung verbreitet abseits der Buden Weihnachtsstimmung. Dazu kann jeweils ab Oktober das Faltblatt »Willkommen im Advent« bei nachfolgender Adresse angefordert werden.

Weitere Informationen

Stadtwerbung
und Touristik Münster
Klemensstraße 10
48143 Münster
Tel. 02 51/4 92-27 10
Fax 02 51/4 92-77 43
www.muenster.de

48369 Saerbeck

Saerbecker Adventsmarkt

Was ist geboten?

An rund 90 Ständen werden hier weihnachtliche Waren und Leckereien angeboten. Zur Eröffnung findet jedes Jahr ein Laternenumzug mit musikalischer Begleitung durch das Kolping-Blasorchester statt.

Wann und Wo?

Bereits Ende November findet in Saerbeck der Adventsmarkt statt, zum nächsten Mal am 24. November und 25. November 2000. Veranstaltungsorte sind der Dorfplatz und der Kirchplatz.

Weitere Informationen

Gemeinde Saerbeck
Emsdettener Straße 1
48369 Saerbeck
Tel. 0 25 74/89-0
Fax 0 25 74/89-50
www.saerbeck.de

48429 Rheine

Weihnachtsmarkt

Viele tolle Angebote und ein adventliches Rahmenprogramm – so kann man den Weihnachtsmarkt in Rheine kurz zusammenfassen. Unter dem Glanz weihnachtlicher Lichter läßt es sich hier wunderschön bummeln und nach Weihnachtsgeschenken für Freunde und Verwandte suchen.

Wann und Wo?

Das nächste Mal findet der Weihnachtsmarkt in Rheine vom 30. November bis 21. Dezember 2000 statt, geöffnet ist dann montags bis freitags von 13.00 bis 19.00 Uhr, samstags von 11.00 bis 19.00 Uhr und sonntags von 14.00 bis 19.00 Uhr. Veranstaltungsorte sind der historische Marktplatz und der Staelsche Hof in der Innenstadt von Rheine.

Was ist geboten?

An rund 60 Buden können allerlei weihnachtliche Produkte erworben werden, darunter handgeschnitzte Krippen, Holzspielzeug, Marionetten, Christbaumschmuck, Seidenmalerei, Glaskunst und Silberschmuck. Nicht fehlen dürfen natürlich auch die Stände mit dem allseits beliebten Glühwein. Auf zwei verschiedenen Bühnen treten mehrmals wöchentlich verschiedene Künstler auf, die die Marktbesucher mit weihnachtlicher Musik unterhalten. Auch eine Krippenausstellung kann man in Rheine besichtigen.
Ein Höhepunkt des Weihnachtsmarktes ist mit Sicherheit der Besuch des hl. Nikolaus, der traditionell am 6. Dezember mit dem Fahrgastschiff »MS Emsköppen« über die Ems nach Rheine kommt. Mit einer Kutsche fährt er dann zum Weihnachtsmarkt, wo er zusammen mit Knecht Ruprecht Süßigkeiten an die Kinder verteilt. Wenn es nicht gerade vom Nikolaus benötigt wird, kann man das Schiff darüber hinaus auch für Advents- und Weihnachtsfeiern mieten.

Weitere Informationen

Verkehrsverein Rheine
Bahnhofstraße 14
48431 Rheine
Tel. 0 59 71/5 40 55
Fax 0 59 71/5 29 88
www.rheine.de

49074 Osnabrück

Weihnachts-markt

Alle Jahre wieder lädt die Stadt Osnabrück zu weihnachtlichen Einkaufsbummel vor der historischen Kulisse des Marktplatzes ein. Jung und alt lassen sich von adventlichen Klängen und himmlischen Düften in vorweihnachtliche Stimmung versetzen.

Wann und Wo?

Das nächste Mal findet der Osnabrücker Weihnachtsmarkt vom 29. November bis 23. Dezember statt. Veranstaltungsorte sind Marktplatz, Domvorplatz und Theatervorplatz.

Was ist geboten?

Zahlreiche Stände verlocken Marktbesucher aus Nah und Fern zum Geldausgaben und Naschen. Wer auf der Suche nach einem passenden Weihnachtsgeschenk ist, wird hier ganz bestimmt fündig. Für kleine Bummler ist ebenfalls jede Menge geboten. Jeden Tag findet in Osnabrück ein aufwendiges Kinderprogramm statt. Mittwochs treten vor der Marienkirche Bläsergruppen auf.

»Weihnachtszauber an der Johanniskirche«

Ein zweiter Weihnachtsmarkt findet vom 1. bis 17. Dezember 2000 bei der Johanniskirche statt. Auch hier warten zahlreiche Buden mit weihnachtlichen Produkten auf die Besucher.

Weitere Informationen

Stadtverwaltung Osnabrück
Postfach 44 60
49034 Osnabrück
Tel. 05 41/3 23-0
Fax 05 41/3 23-42 13
www.osnabrueck.de

49186 Bad Iburg

Iburger Advent

Wann und Wo?

Jeweils am ersten Adventswochenende findet in der niedersächsischen Stadt Bad Iburg der Iburger Advent statt, das nächste Mal am 2. Dezember und 3. Dezember 2000. Veranstaltungsort ist das Schloß von Bad Iburg.

Was ist geboten?

Eröffnet wird der Iburger Advent mit einem Konzert am Freitagabend in der katholischen Schloßkirche. An den beiden darauffolgenden Tagen findet dann ein Adventsmarkt statt, der am Samstag von 15.00 bis 22.00 Uhr, am Sonntag von 11.00 bis 19.00 Uhr geöffnet ist. Neben Speis und Trank und allerlei Geschenkideen ist auch ein buntes Rahmenprogramm geboten, das von verschiedenen Musik- und Kindergruppen gestaltet wird. Eine Märchenerzählerin ist ebenfalls zugegen. In der ehemaligen Apotheke des Schlosses ist eine Krippenausstellung zu bewundern.

Weitere Informationen

Städtische Kurverwaltung Bad Iburg
Am Gografenhof 4, 49186 Bad Iburg
Tel. 0 54 03/40 16 12
Fax 0 54 03/4 04 33
www.bad-iburg.de

Weitere Weihnachtsmärkte in diesem Postleitzahlenbereich

48683 Ahaus:
Weihnachtsmarkt, 7. bis 12. Dez. 2000

48341 Altenberge:
Nikolausmarkt, 2. bis 3. Dez. 2000

48455 Bad Bentheim:
Weihnachtsmarkt, 8. bis 10. Dez. 2000; Nikolausumzug und Weihnachtsknobeln, 9. Dez. 2000

48727 Billerbeck:
Weihnachtsmarkt, 2. bis 3. Dez. 2000

44787 Bochum:
Weihnachtsmarkt, 17. Nov. bis 23. Dez. 2000

46325 Borken:
Weihnachtsmarkt, 1. Dez. 2000; Burloer Advents- und Weihnachtsmarkt, 3. Dez. 2000; Bäuerlicher Weihnachtsmarkt, 15. Dez. 2000

46236 Bottrop:
Weihnachtsmarkt, 16. Nov. bis 24. Dez. 2000

44575 Castrop-Rauxel:
Adventsmarkt, 27. Nov. 2000; Christkind'lmarkt, 1. bis 23. Dez. 2000

46282 Dorsten:
Katharinenmarkt, 30. Nov. 2000; Nikolausmarkt, 7. Dez. 2000

48282 Emsdetten:
Nikolausmarkt, 1. bis 12. Dez. 2000

45127 Essen:
Internationaler Weihnachtsmarkt, 23. Nov. bis 23. Dez. 2000

48351 Everswinkel:
Weihnachtsmarkt, 10. Dez. 2000

48712 Gescher:
Kunst- und Weihnachtsmarkt, 16. bis 26. Nov., 2. bis 3. Dez. 2000

45879 Gelsenkirchen:
Weihnachtsmarkt, 27. Nov. bis 30. Dez. 2000

48268 Greven:
Last Minute Weihnachtsmarkt, 16. Dez. 2000

48599 Gronau:
Weihnachtsmarkt, 14. bis 17. Dez. 2000

45721 Haltern:
Weihnachts- und Kunsthandwerkermarkt, 1. bis 10. Dez. 2000

45525 Hattingen:
Weihnachtsmarkt, 23. Nov. bis 22. Dez. 2000

48329 Havixbeck:
Weihnachtsmarkt, 9. bis 10. Dez. 2000

48477 Hörstel-Dreierwalde:
Weihnachtsmarkt mit Krippenausstellung, 3. Dez. 2000

48477 Hörstel-Riesenbeck:
Riesenbecker Weihnachtsmarkt, 16. Dez. 2000

48496 Hopsten:
Weihnachtsmarkt, 10. Dez. und 17. Dez. 2000; Weihnachtsmarkt in Schale, 3. Dez. 2000; Weihnachtsmarkt in Halverde, 10. Dez. 2000

49477 Ibbenbüren:
Adventsmarkt, 9. bis 17. Dez. 2000; Weihnachts-, Kram- und Wochenmarkt, 22. Dez. 2000

49549 Ladbergen:
Weihnachtsmarkt, 2. bis 3. Dez. 2000

48366 Laer:
Weihnachtsmarkt mit Kunstausstellung, 9. bis 10. Dez. 2000

49525 Lengerich:
Weihnachtsmarkt, 14. bis 17. Dez. 2000

49536 Lienen:
Weihnachtsmarkt, 2. bis 3. Dez. 2000

49536 Lienen-Kattenwenne:
Weihnachtsmarkt, 10. Dez. 2000

49497 Mettingen:
Weihnachtsmarkt, 30. Nov. bis 3. Dez. 2000

45468 Mülheim an der Ruhr:
Weihnachtsmarkt, 19. Nov. bis 23. Dez. 2000; Kunst- und Handwerkermarkt im RheinRuhr Zentrum, 26. Nov. 2000; Markt der guten Taten, 10. Dez. 2000

48485 Neuenkirchen:
Nikolausmarkt, 9. bis 10. Dez. 2000

48301 Nottuln:
Adventsbasar, 30. Nov. 2000

48301 Nottuln-Appelhülsen:
Appelhülsener Weihnachtsmarkt, 3. Dez. 2000

48607 Ochtrup:
Weihnachtsmarkt, 30. Nov. bis 3. Dez. 2000

48346 Ostbevern:
Weihnachtsmarkt, 16. bis 17. Dez. 2000

46348 Raesfeld:
Adventsmarkt, 7. bis 10. Dez. 2000; Kleiner Weihnachtsmarkt auf dem Hof Schulte-Kellinghaus in Erle, 16. bis 17. Dez. 2000

49509 Recke:
Weihnachtsmarkt, 8. bis 10. Dez. 2000

45657 Recklinghausen:
Weihnachtsmarkt, 27. Nov. bis 23. Dez. 2000

48734 Reken:
Weihnachtsmarkt, 2. bis 3. Dez. 2000

46414 Rhede
»Der besondere Weihnachtsmarkt«, 2. bis 10. Dez. 2000

48720 Rosendahl:
Markedag, 8. Dez. 2000; Spekulatiusmarkt in Dalfeld, 17. Dez. 2000

48336 Sassenberg-Fürchtorf:
Weihnachtsmarkt, 3. Dez. 2000

48624 Schöppingen:
Weihnachtsmarkt, 2. bis 3. Dez. 2000

48308 Senden:
Weihnachtsmarkt, 9. Dez. 2000

45549 Sprockhövel:
Nikolausmarkt, 1. bis 3. Dez. 2000

48703 Stadtlohn:
Weihnachtsmarkt, 14. bis 17. Dez. 2000

48565 Steinfurt-Borghorst:
Weihnachtsmarkt, 15. bis 17. Dez. 2000

48565 Steinfurt-Burgsteinfurt:
Weihnachtsmarkt, 8. bis 10. Dez. 2000

46354 Südlohn:
Weihnachtsmarkt, 1. Dez. 2000

46354 Südlohn-Oeding:
Oedinger Weihnachtsmarkt, 17. Dez. 2000

49545 Tecklenburg
Nikolausmarkt, 2. bis 3. Dez. und 8. bis 10. Dez. 2000; Weihnachtsmarkt in Leeden, 2. bis 3. Dez. 2000

48291 Telgte:
Krippen- und Weihnachtsmarkt, 1. bis 3. Dez. 2000

48691 Vreden:
Weihnachtsmarkt, 16. bis 17. Dez. 2000

48231 Warendorf:
2. bis 10. Dez. 2000

48231 Warendorf-Milte:
Weihnachtsmarkt, 3. Dez. 2000

49492 Westerkappeln:
Weihnachtsmarkt, 9. bis 10. Dez. 2000

48493 Wettringen:
Nikolausmarkt, 2. bis 3. Dez. 2000

Postleitzahlenbereich 5

5000 Köln

Weihnachtsmarkt am Kölner Dom

Den größten Weihnachtsbaum im Rheinland hat der Weihnachtsmarkt am Kölner Dom zu bieten, der dieses Jahr zum vierten Mal stattfindet.

Was ist geboten?

An über 160 Buden werden u.a. Kunsthandwerk, weihnachtliche Leckereien, Glühwein und Geschenkideen angeboten. Darüber hinaus läßt ein umfangreiches Rahmenprogramm weihnachtliche Stimmung aufkommen

Wann und Wo?

Der Weihnachtsmarkt findet vom 21. November bis 23. Dezember 2000 rund um den Kölner Dom statt. Geöffnet ist täglich von 11.00 bis 21.00 Uhr.

Weitere Informationen

Köln Tourismus Office
Unter Fettenhennen 19, 50667 Köln
Tel. 02 21/2 11-33 97
www.koeln.de

52062 Aachen

Weihnachtsmarkt

Die Plätze und Gassen rund um das Aachener Rathaus verwandeln sich alljährlich zur Adventszeit in ein strahlendes Lichtermeer, das jung und alt in Weihnachtsstimmung versetzt.

Was ist geboten?

Geschenkideen, Christbaumschmuck und andere weihnachtliche Produkte sind hier zu finden. Auch für das leibliche Wohl ist bestens gesorgt: neben Glühwein und gebrannten Mandeln können sich Besucher an Spekulatius und Lebkuchen laben. Nicht fehlen dürfen natürlich auch Aachener Printen, die man hier sozusagen direkt aus der Backstube genießen kann.

Wann und Wo?

Der Aachener Weihnachtsmarkt findet das nächste Mal vom 25. November bis 22. Dezember 2000 rund um das Rathaus statt.

Weitere Informationen

Märkte und Aktionskreis City e.V.
Theaterstraße 65, 52062 Aachen
Tel. 02 41/2 51 41
www.aachen.de

52156 Monschau

Weihnachtsmarkt

Eine besondere Auszeichnung kann der Weihnachtsmarkt in Monschau für sich in Anspruch nehmen: Nicht zuletzt wegen seiner einmaligen Kulisse wurde er von der Zeitung Rheinische Post zum schönsten Weihnachtsmarkt in Nordrhein-Westfalen gewählt.

Wann und Wo?

Das nächste Mal findet der Weihnachtsmarkt in Monschau an folgenden Tagen statt: 24. bis 25. November 2000, 1. bis 3. Dezember 2000, 8.bis 10. Dezember 2000, 15. bis 17. Dezember 2000 und 22. bis 23. Dezember 2000. Veranstaltungsorte sind Marktplatz, Kurstraße und Richters Eck.

Was ist geboten?

An etwa 30 bis 35 Ständen wird allerlei Weihnachtliches angeboten: Leckereien, Christbaumschmuck und Handwerkskunst. Jeweils samstags und sonntags um 15.00 und 17.00 Uhr können Besucher lebende Krippenspiele auf der Burg bewundern, an denselben Tagen jeweils um 17.30 Uhr treten auf dem Markt Turmbläser auf.

Weitere Informationen

Monschau Touristik
Stadtstraße 1
52156 Monschau
Tel. 0 24 72/33 00
Fax 0 24 72/45 34
www.monschau.de

52349 Düren

Weihnachtsmarkt

Zum 27. Mal jährt sich dieses Jahr der Weihnachtsmarkt in Düren. Unter dem »Sternenhimmel« einer Lichterkette läßt es sich in aller Ruhe nach einem passenden Weihnachtsgeschenk suchen.

Was ist geboten?

An 40 Buden kann dann nach Herzenslust geschlemmt und gestöbert werden. Auch eine bayerische Glühweinstube lädt zum Genießen ein. Kinder können auf einem historischen Pferdekarussell ihre Runden drehen. Ein Rahmenprogramm mit Alphornbläsern, einem Krippenwettbewerb und vielen anderen Attraktionen rundet den Markt ab. Am dritten Adventswochenende findet eine Aufführung »Lebende Krippe« statt.

Wann und Wo?

Das nächste Mal findet der Dürener Weihnachtsmarkt vom 23. November bis 21. Dezember 2000 auf dem Kaiserplatz vor dem Rathaus statt.

Weitere Informationen

Stadt Düren
Vermessungsamt, 52348 Düren
Tel. 0 24 21/25-13 41
www.dueren.de

53111 Bonn

Weihnachtsmarkt

Ein gemütliches Ambiente und ein herrlicher Blick auf das Bonner Münster – dies sind nur zwei der vielen Dinge, die Weihnachtsmarktkenner am Bonner Markt schätzen.

Was ist geboten?

An etwa 135 Buden können allerlei weihnachtliche Produkte erstanden werden – von gebrannten Mandeln bis Lametta. Auf einer Bühne finden jeden Abend musikalische Veranstaltungen statt.

Wann und Wo?

Das nächste Mal findet der Weihnachtsmarkt in Bonn vom 27. November bis 23. Dezember 2000 auf und rund um den Münsterplatz statt.

Weitere Informationen

Tourismus & Congress GmbH
Adenauerallee 131
53113 Bonn
Tel. 02 28/9 10 41-0
Fax 02 28/9 10 41-11
www.bonn-region.de

53721 Siegburg

Mittelalterlicher Markt zur Weihnachtszeit

Mit einer ganz besonderen Attraktion wartet die Stadt Siegburg zur Weihnachtszeit auf: Dann findet hier nämlich ein mittelalterlicher Markt statt, der sich weit über die Grenzen der Region hinaus großer Beliebtheit erfreut. Über 14 Tage lang lebt in der Stadt am Fuße des Michaelsberges die Vergangenheit wieder auf. Durch die Straßen ziehen Krämer, Handwerker, Gaukler und allerlei andere Gestalten aus längst vergangenen Tagen.

Wann und Wo?

Das nächste Mal findet der mittelalterliche Markt vom 2. Dezember bis 21. Dezember 2000 auf dem Marktplatz in Siegburg statt. Öffnungszeiten sind täglich von 11.00 bis 20.00 Uhr.

Was ist geboten?

An rund 55 nach historischen Vorbildern gebauten Buden bringen die Händler und Handwerker ihre Waren an den Mann oder die Frau. Dazu gehören Löffelschnitzer, Seiler, Filzer und Zinngießer – Sie können Ihre Freunde und Verwandten also einmal mit einem Weihnachtsgeschenk der etwas anderen Art überraschen! Auch Speis und Trank stehen ganz im Zeichen des Mittelalters. Darüber hinaus wartet die Gruppe »Kramer Zunft und Kurtzweyl«, die den Markt veranstaltet, mit einem umfangreichen Kulturprogramm auf. Dazu zählen neben

einem mittelalterlichen Marktgericht und Narreteien und Gaukeleien für groß und klein auch spezifisch weihnachtliche Veranstaltungen wie Adventssingen, Weihnachtstänze, Weihnachtsspiele sowie ein Besuch des Nikolaus mit Geschenken für die Braven und mahnenden Worten für die »Ungeratenen«.

Weitere Informationen
Tourist Information
Am Markt 46, 53721 Siegburg
Tel. 0 22 41/9 69 85 33
Fax 0 22 41/9 69 85 31
www.siegburg.de

53894 Mechernich-Satzvey

Historische Burgweihnacht

Aus dem 14. Jahrhundert stammt die Burg Satzvey, sie gilt als eine der schönsten und best erhaltenen Wasserburgen im Rheinland. Besonders romantisch zeigen sich die alten Gemäuer zur Vorweihnachtszeit, wenn sie festlich beleuchtet zur Burgweihnacht laden.

Wann und Wo?
Diese in Deutschland einmalige Veranstaltung findet immer an den letzen drei Adventswochenenden statt, das nächste Mal am 2. Dezember und 3. Dezember 2000, am 9. Dezember und 10. Dezember 2000 und am 16. Dezember und 17. Dezember 2000, jeweils von 12.00 bis 19.00 Uhr. Veranstaltungsort ist das Gelände der Burg Satzvey, vor allem die Bourbonensäle, der Park und die Burghöfe. Der Eintrittspreis beträgt für Erwachsene 5,- DM; für Kinder unter 12 Jahren 3,- DM.

Was ist geboten?
Geboten ist unter anderem ein historischer Weihnachtsmarkt, auf dem Sie an etwa 70 bis 80 Ständen nach ganz besonderen Geschenken suchen können. Höhepunkt der

Burgweihnacht ist das Weihnachtsspiel, das mittelalterlichen Spielanweisungen des 12. und 13. Jahrhunderts folgt und auf mittelhochdeutschen und lateinischen Texten und Melodien beruht. So sind im Park der Burg lebende Bilder der Weihnachtsgeschichte arrangiert, die durch das Glockengeläut des Proklamators zum Leben erweckt werden. Sie werden ganz nach den alten Vorlagen auf Latein und Mittelhochdeutsch gespielt und vom Proklamator übersetzt. Doch nicht nur beim Text, auch bei den Kostümen folgte man ganz den alten Überlieferungen. Jeder erwachsene Marktbesucher erhält am Eingang der Burg eine Kerze, die er dann am Ende an der Krippe aufstellt. So wird sie in der Dämmerung in romantisches Licht getaucht.

Weitere Informationen
Festspielbüro Burg Satzvey
53894 Mechernich-Satzvey
Tel. 0 22 56/18 34
Fax 0 22 56/71 07
www.burgsatzvey.de

54290 Trier

Weihnachtsmarkt

Auf Triers mittelalterlich geprägtem Hauptmarkt und vor der mächtigen Kulisse des Doms duftet es zur Vorweihnachtszeit nach Gebäck und Glühwein – der Weihnachtsmarkt lädt zu einem Bummel ein!

Wann und Wo?

Das nächste Mal findet der Trierer Weihnachtsmarkt vom 23. November bis 22. Dezember 2000 auf dem Hauptmarkt und dem Domfreihof statt. An den Haupteinfahrtsstraßen in Trier-Nord (A 602) und am Messepark »In den Moselauen« stehen zusätzliche Park-&-Ride-Parkplätze zur Verfügung.

Was ist geboten?

An rund 80 festlich geschmückten Holzhäuschen können Marktbesucher allerlei weihnachtliche Produkte erstehen: Holzspielzeug, Gläser, Geschenkartikel, Weihnachtsschmuck, Keramik, Schnitzereien und Kerzen werden dort u.a. verkauft. Auch das leibliche Wohl kommt nicht zu kurz. Bei Bratwürstchen, gebrannten Mandeln, heißem Tee oder Glühwein kann man ein wohlverdientes Päuschen einlegen. Für die musikalische Untermalung des Marktes sorgen Kinderchöre und andere Darbietungen. Kinder können auf zwei Karussells ihre Runden drehen oder sich vom Nikolaus beschenken lassen, der regelmäßig auf dem Weihnachtsmarkt vorbeischaut. Die Tourist-Information der Stadt bietet ein Pauschalarrangement zum »Advent in Trier« an.

Weitere Informationen

Tourist-Information Trier
An der Porta Nigra, 54290 Trier
Tel. 06 51/9 78 08-0
Fax 06 51/4 47 59
www.trier.de

54470 Bernkastel-Kues

Weihnachtsmarkt

Mit seinen festlich geschmückten Buden, die sich in den engen Gassen der mittelalterlichen Altstadt aneinanderschmiegen, zieht der Weihnachtsmarkt von Bernkastel-Kues jedes Jahr zahlreiche Besucher in seinen Bann. Jung und alt lassen sich nur zu gerne von der romantischen Atmosphäre verzaubern.

Was ist geboten?

An rund 35 Holzhäuschen werden Geschenkideen, Kinderspielzeug, Christbaumschmuck und kunstgewerbliche Produkte angeboten. Glühwein, Lebkuchen und gebrannte Mandeln dürfen ebenfalls nicht fehlen.

Wann und Wo?

Das nächste Mal findet der Weihnachtsmarkt von Bernkastel-Kues vom 27. Nov. bis 20. Dez. 2000 am Gestade, am Marktplatz und um St.-Michaels-Kirche und Bärenbrunnen statt. Geöffnet ist montags bis freitags von 13.00 bis 19.00 Uhr, samstags und sonntags von 11.00 bis 19.00 Uhr.

Weitere Informationen

Tourist-Information
Gestade 5
54470 Bernkastel-Kues
Tel. 0 65 31/40 23-24
Fax 0 65 31/79 53
www.bernkastel-kues.de

55116 Mainz

Weihnachtsmarkt

Die Stadt Mainz lockt zur Vorweihnachtszeit besonders viele Besucher an – dann nämlich, wenn hier der Weihnachtsmarkt stattfindet.

Wann und Wo?

Das nächste Mal ist dies vom 30. November bis 22. Dezember 2000 der Fall. Veranstaltungsorte sind Markt und Höfchen, unmittelbar vor dem Dom.

Was ist geboten?

Etwa 64 Stände laden zum Bummeln und Schlemmen ein. Ein umfangreiches

Rahmenprogramm läßt unter anderem mit diversen Musikveranstaltungen Weihnachtsstimmung aufkommen.

Weitere Informationen

Stadtverwaltung Mainz
Bauerngasse 7, 55028 Mainz
Tel. 0 61 31/12 24 83
Fax 0 61 31/12 30 10
www.mainz.de

57319 Bad Berleburg

Weihnachtsmarkt

»Bad Berleburg macht springlebendig« – dieses Motto der Stadt im Siegerland gilt insbesondere zur Weihnachtszeit. Dann können Sie nämlich von Stand zu Stand springen und dabei allerlei adventliche Schnäppchen machen.

Wann und Wo?

Das nächste Mal findet der Weihnachtsmarkt in Bad Berleburg vom 8. Dezember bis 11. Dezember 2000 auf dem Marktplatz statt.

Was ist geboten?

Etwa 25 Buden drängen sich dann auf dem Platz zwischen den festlich dekorierten Fachwerkhäusern. Verschiedene Musikgruppen und Chöre sorgen für den passenden musikalischen Rahmen. Auch der Nikolaus darf hier natürlich nicht fehlen. Und für die Kinder hat sich die Stadt noch etwas Besonderes ausgedacht: Sie können bei einer Wunschzettelaktion dem Christkind ihre Wünsche mitteilen.

Weitere Informationen
Bad Berleburg macht springlebendig – Touristik e.V.
Poststraße 44, 57319 Bad Berleburg
Tel. 0 27 51/93 63-3
Fax 0 27 51/93 63-23
www.bad-berleburg.de

57334 Bad Laasphe

Weihnachtsmarkt

Wann und Wo?
Der Weihnachtsmarkt in Bad Laasphe findet zum nächsten Mal am 2. Dezember und 3. Dezember 2000 auf dem Wilhelmsplatz statt.

Was ist geboten?

An rund 60 Ständen werden überwiegend handwerkliche Produkte angeboten. Ein Rahmenprogramm mit diversen Musikkapellen auf dem Podium sowie Posaunenchören rundet die Veranstaltung ab.

Weitere Informationen
Kurverwaltung Bad Laasphe
Haus des Gastes
57334 Bad Laasphe
Tel. 0 27 52/8 98
www.bad-laasphe.de

57627 Hachenburg

Weihnachtsmarkt

Ein echter Geheimtip ist der Weihnachtsmarkt in Hachenburg im Westerwald, denn hier wird nach wie vor großer Wert auf Tradition gelegt.

Wann und Wo?
Das nächste Mal findet der Weihnachtsmarkt in Hachenburg vom 7. Dezember bis 10. Dezember 2000 auf dem Alten Markt und auf dem Neumarkt statt. Geöffnet ist werktags von 11.00 bis 20.00 Uhr, sonntags von 11.00 bis 18.00 Uhr.

Was ist geboten?
An rund 100 Ständen findet der Marktbesucher vor allem handwerkliche Produkte, wie Körbe, Keramik oder Kunst aus dem Erzgebirge. Daneben sorgen Spezialitäten aus dem Westerwald und aus Thüringen sowie Glühwein und gebrannte Mandeln für das leibliche Wohl. Chöre und Musikgruppen verbreiten weihnachtliche Klänge. Für Kinder gibt es ein Puppentheater, ein Karussell und eine Kindereisenbahn.

Weitere Informationen
Gemeindeverwaltung
Gartenstraße 11, 57627 Hachenburg
Tel. 0 26 62/8 01-0
www.hachenburg.de

59555 Lippstadt

Weihnachtsmarkt

Rund 2.000 Glühbirnen vereinigen sich über dem Rathausplatz von Lippstadt zu einem strahlenden Lichterdach, das den ganzen Platz weihnachtlich leuchten läßt. Die Eingänge des Weihnachtsmarktes werden von großen Figuren in Form von Engeln und Nußknackern gesäumt, die die zahlreichen Besucher willkommen heißen.

Wann und Wo?

Die nächste Mal findet der Lippstädter Weihnachtsmarkt vom 30. November bis 21. Dezember 2000 statt. Geöffnet ist täglich von 14.00 bis 20.00 Uhr, samstags von 11.00 bis 20.00 Uhr. Veranstaltungsorte sind der Rathausplatz und die Fußgängerzone.

Was ist geboten?

An etwa 40 Ständen können Marktbesucher Christbaumschmuck und Weihnachtsgeschenke erwerben oder sich an Glühwein, gebrannten Mandeln und anderen weihnachtlichen Leckereien laben. Besonders viel ist für Kinder geboten. Neben einem Kinderkarussell und einer Kinderschaukel können sie im Wunschzettelkasten auf der Bühne am Rathaus ihre Wünsche an das Christkind hinterlassen. Dabei sollten sie aber keinesfalls vergessen, ihre vollständige Adresse anzugeben – nicht, daß die Geschenke beim falschen Kind landen! Außerdem können Kinder im Hexenhaus selbst allerlei Weihnachtsschmaus backen, Aufführungen der Puppenbühne bestaunen oder eine Kutschfahrt unternehmen. Für Erwachsene warten unterschiedliche Chöre und Musikgruppen mit einem musikalischen Rahmenprogramm auf, das wohl jeden Marktbesucher in Weihnachtsstimmung versetzen dürfte.

Weitere Informationen

Städtischer Verkehrsverein
Lange Straße 14, 59555 Lippstadt
Tel. 29 41/5 85 15
Fax 0 29 41/7 97 17
www.lippstadt.de

Weitere Weihnachtsmärkte in diesem Postleitzahlenbereich

59227 Ahlen:
Ahlener Advent,
30. Nov. bis 10. Dez. 2000

58762 Altena:
Weihnachtsmarkt, 4. bis 6. Dez. 2000

59755 Arnsberg:
Weihnachtsmarkt, 1. bis 10. Dez. 2000

59387 Ascheberg:
Weihnachtsbasar, 3. Dez. 2000

58802 Balve:
Weihnachtsmarkt, 17. Dez. 2000

58339 Breckerfeld:
Weihnachtsmarkt, 8. bis 10. Dez. 2000

58256 Ennepetal:

Milsper Weihnachtsmarkt, 2. bis 3. Dez. 2000; Voerder Weihnachtsmarkt, 9. bis 10. Dez. 2000; Rüggeberger Weihnachtsmarkt, 16. Dez. 2000

59320 Ennigerloh:

Weihnachtsmarkt, 2. bis 3. Dez. und 16. bis 17. Dez. 2000

59320 Ennigerloh-Ostenfelde:

Weihnachtsmarkt, 9. bis 10. Dez. 2000

59597 Erwitte:

Weihnachtsmarkt, 3. Dez. 2000

59889 Eslohe:

Weihnachtsmarkt auf dem »Seemer's Hof« in Wenholthausen, 9. bis 10. Dez. 2000

57413 Finnentrop:

Weihnachtsmarkt, 9. bis 10. Dez. 2000

57258 Freudenberg/Westfalen:

Weihnachtsmarkt, 2. bis 3. Dez. 2000

58285 Gevelsberg:

Weihnachtsmarkt, 8. bis 10. Dez. 2000

58095 Hagen:

Weihnachtsmarkt, 27. Nov. bis 23. Dez. 2000

59969 Hallenberg:

Weihnachtsmarkt, 9. bis 10. Dez. 2000

57271 Hilchenbach:

Weihnachtsmarkt, 2. bis 3. Dez. 2000

59348 Lüdinghausen:

Weihnachtsmarkt Seppenrade, 2. bis 3. Dez. 2000

58706 Menden:

Weihnachtswochen, 30. Nov. bis 16. Dez. 2000; Lendringser Weihnachtsmarkt, 16. bis 17. Dez. 2000

59872 Meschede:

Nikolaus-Stiefel-Aktion, 25. Nov. bis 4. Dez. 2000

59519 Möhnesee:

Sternschnuppenmarkt, 8. bis 10. Dez. 2000

57250 Netphen:

Kulinarischer Weihnachtsmarkt, 16. bis 17. Dez. 2000

51588 Nümbrecht:

Historischer Nikolausmarkt auf Schloß Homburg, 2. bis 3. Dez. 2000

59302 Oelde:

Weihnachtsmarkt, 1. bis 10. Dez. 2000

58579 Schalksmühle:

Weihnachtsmarkt, 2. Dez. 2000

58332 Schwelm:

Weihnachtsmarkt, 10. Dez. 2000

57072 Siegen:

Weihnachtsmarkt, 27. Nov. bis 23. Dez. 2000; Geisweider Adventsmarkt, 1. bis 3. Dez. 2000

59494 Soest:

Weihnachtsmarkt, 27. Nov. bis 22. Dez. 2000

59846 Sundern:

Weihnachtsmarkt, 30. Nov. bis 3. Dez. 2000

59423 Unna:

Weihnachtsmarkt, 27. Nov. bis 20. Dez. 2000

59329 Wadersloh:

Weihnachtsmarkt, 9. bis 10. Dez. 2000

59368 Werne:

Weihnachtsmarkt, 23. Nov. bis 17. Dez. 2000

59955 Winterberg:

Weihnachtsmarkt, 1. bis 3. Dez., 9. bis 10. Dez. und 16. bis 17. Dez. 2000

59955 Winterberg-Niedersfeld:

Weihnachtsmarkt, 2. bis 3. Dez. 2000

Postleitzahlenbereich 6

60000 Frankfurt am Main

Weihnachts-markt

Die Tradition, an Weihnachten Märkte abzuhalten läßt sich in Frankfurt bis ins Jahr 1393 zurückverfolgen, allerdings sahen diese mittelalterlichen Weihnachtsmärkte noch ganz anders aus: So fanden damals neben dem Marktgeschehen auf dem Römerberg kirchliche Mysterienspiele statt. Das wesentliche Symbol des heutigen Weihnachtsmarktes – der Weihnachtsbaum – hielt erst zu Beginn des 19. Jahrhunderts in Frankfurt Einzug und wurde zunächst ausschließlich von dem Sachsenhäuser Händlern im Römer, dem heutigen Rathaus der Stadt verkauft. Fremde Händler waren damals nicht zugelassen und so erhielt der Frankfurter Weihnachtsmarkt ein typisch Frankfurter Gepräge. Eine alte Tradition sind auch die »Bethmännchen« und die »Quetscheglermännche«. Erstere sind ein Weihnachtsbegäck aus Marzipan, letztere lustige Männlein aus Trockenpflaumen. Bethmännchen sandten junge Männer ihrer Angebeteten ins Haus. Behielt sie es, bestand Hoffnung für den Freier. Auch Johann Wolfgang von Goethe liebte diese weihnachtlichen Leckereien und ließ sie sich von seiner Mutter nach Weimar schicken.

Wann und Wo?

Der Frankfurter Weihnachtsmarkt findet das nächste Mal vom 29. November bis 22. Dezember 2000 statt, geöffnet ist er montags bis samstags von 10.00 bis 21.00 Uhr, sonntags von 11.00 bis 21.00 Uhr. Er erstreckt sich von der Zeil über den Liebfrauenberg, Paulsplatz, Römerberg bis zum Fahrtor und zum Mainkai.

Was ist geboten?

Mit jährlich bis zu 3 Millionen Besuchern ist der Frankfurter Weihnachtsmarkt auch heute einer der bedeutendsten – und einer der schönsten – in Deutschland. An rund 200 Ständen und Buden finden die Besucher nicht nur Holzspielzeug, Weihnachtsgeschenke und – nach wie vor – die Bethmännchen, sondern sie können sich auch zahlreiche weihnachtliche Köstlichkeiten auf der Zunge zergehen lassen. Beliebt ist auch die »Frankfurter Weihnachtstasse«, die jedes Jahr in einer anderen Farbe und mit einem anderen Motiv auf den Markt kommt und dort für 3,- DM erworben werden kann. Weitere Höhepunkte im Programm sind der Besuch des Nikolauses, Posaunengruppen, die vom Turm der Nikolaikirche blasen, das Frankfurter Stadtgeläut (alle Glocken der Innenstadtkirchen läuten zum Heiligabend und zum Jahreswechsel) sowie zahlreiche Adventskonzerte. Frankfurter Künstler stellen in den Römerhallen aus, darunter Keramik, Malerei und Schmuck – auch hier läßt sich bestimmt noch das eine oder andere Weihnachtsgeschenk auftreiben! Außerdem können Besucher Fahrten mit der historischen Eisenbahn unternehmen. Wie beliebt der Frankfurter Weihnachtsmarkt ist, zeigt sich auch daran, daß er seit 1997 auch im Ausland veranstaltet wird. So fanden 1999 Frankfurter Weihnachtsmärkte in Birmingham und Bristol (Großbritannien) und Toronto (Kanada) statt.

Weitere Informationen

Tourismus + Congress Frankfurt
Kaiserstraße 56, 60329 Frankfurt
Tel. 0 69/2 12-3 41 36
Fax 0 69/2 12-3 18 93
www.frankfurt.de

61348 Bad Homburg

Romantischer Weihnachtsmarkt

Mit seinen rund 70 Verkaufsständen aus Holz lockt der romantische Weihnachtsmarkt in Bad Homburg jährlich viele Besucher in die hessische Stadt. Fast alle Anbieter kommen aus der Stadt und bieten alles, was die Vorweihnachtszeit angenehm und wohlschmeckend macht.

Wann und Wo?

Zum nächsten Mal findet er vom 8. Dezember bis 10. Dezember 2000 sowie vom 15. Dezember bis 17. Dezember 2000 im Landgrafenschloß und auf dem Schloßplatz statt. Geöffnet ist freitags von 15.00 bis 22.00 Uhr sowie samstags und sonntags von 11.00 bis 22.00 Uhr.

Was ist geboten?

Im Angebot des Markts finden sich Holzspielzeug, Christbaumschmuck, Porzellanpuppen und Kunsthandwerk – natürlich dürfen auch Glühwein und Bratäpfel nicht fehlen! Für Kinder sind unter anderem eine lebende Krippe mit Streichelzoo und ein Karussell geboten, auch können sie sich von einer Märchenerzählerin in bunte Phantasiewelten entführen lassen. Allabendlich erschallen Trompetenklänge vom Schloßturm und in der Schloßkirche finden Adventskonzerte statt. Fest zum Weihnachtsmarkt gehört auch der Nachtwächter, der jeden Abend das Ende des Marktes verkündet. Besonders romantisch zeigt sich das Schloß an den beiden Adventssonntagen, wenn es von Kerzen beleuchtet wird und sich so im wahrsten Sinne des Wortes in einem ganz anderen Licht zeigt.

Weitere Informationen

Aktionsgemeinschaft Bad Homburg e.V.
c/o Taunus-Sparkasse
Louisenstraße 60,
61348 Bad Homburg
Tel. 0 61 72/27 02 21
www.bad-homburg.de

63679 Schotten

Weihnachts-markt

Weihnachtlich dekoriert sieht die historische Fachwerksaltstadt von Schotten noch malerischer aus und lockt zahlreiche Besucher zum Bummeln in die hessische Stadt.

Was ist geboten?

80 bis 90 Anbieter warten hier mit weihnachtlichen Produkten und Speisen auf Kunden. Auch der Weihnachtsmann ist dabei und verteilt kleine Geschenke an die Kinder. Für Weihnachtsstimmung sorgen auch diverse Musikvereine, die ihre Künste zum Besten geben, sowie die Bläsergruppe, die Weihnachts-Choräle vom Turm der Liebfrauenkirche erschallen läßt.

Wann und Wo?

Der Weihnachtsmarkt findet jedes Jahr am ersten Adventswochenende in der Altstadt von Schotten statt, das nächste Mal am 2. Dezember und 3. Dezember 2000.

Weitere Informationen

Stadtverwaltung
Vogelsbergstraße 184
63679 Schotten
Tel. 0 60 44/66-0
Fax 0 60 44/66 79

64720 Michelstadt

Odenwälder Weihnachtsmarkt

Zum 49. Mal findet 2000 in Michelstadt der Odenwälder Weihnachtsmarkt statt. Egal, ob groß oder klein - ein Bummel über den Markt mit seiner romantischen Atmosphäre ist für jeden ein besonderes Erlebnis.

Wann und Wo?

Der Odenwälder Weihnachtsmarkt findet das nächste Mal vom 1. Dezember bis 23. Dezember 2000 in der historischen Innenstadt und der Kellerei von Michelstadt statt. Geöffnet ist mittwochs bis freitags von 14.00 bis 20.00 Uhr, samstags und sonntags von 11.30 bis 20.00 Uhr, montags und dienstags ist der Markt geschlossen.

Was ist geboten?

An den rund 150 Ständen werden vor allem handwerkliche Produkte angeboten, darunter Drechsler- und Tischlerarbeiten. Auch Speis und Trank dürfen natürlich nicht fehlen. Diverse Gruppen sorgen mit ihren musikalischen Künsten für ein weihnachtliches Rahmenprogramm. Fest zum Markt gehören auch die "Odenwälder Märchenherzen" aus Hutschenreuther Porzellan, deren Gestaltung von Jahr zu Jahr wechselt.

Weitere Informationen

Stadt Michelstadt
Frankfurter Straße 3
64720 Michelstadt
Tel. 0 60 61/7 41 34
Tel. 0 60 61/74-178
www. michelstadt.de

65189 Wiesbaden

Weihnachts-markt

Festlich geschmückt zeigt sich die hessische Landeshauptstadt Wiesbaden zur Vorweihnachtszeit von einer besonders strahlenden Seite und lockt zahlreiche Menschen aus nah und fern zum Einkaufsbummel auf den Weihnachtsmarkt.

Wann und Wo?

Der nächste Termin für den Wiesbadener Weihnachtsmarkt ist vom 28. November bis 23. Dezember 2000. Veranstaltungsorte sind die Fußgängerzone und der Luisenplatz.

Was ist geboten?

Eröffnet wird der Markt traditionell vom Wiesbadener Lilchen, das seinen Namen den drei goldenen Lilien auf dem Stadtwappen verdankt. Dann laden rund 120 Buden zum Einkaufen ein – sei es, daß Sie auf der Suche nach einem origi-

nellen Weihnachtsgeschenk sind oder Sie leckere Lebkuchen und gebrannte Mandeln versuchen wollen. Auf dem Luisenplatz ist eine Weihnachtskrippe aufgebaut, ein Herrgottschnitzer arbeitet an lebensgroßen Figuren für die Krippe. Bei Kindern besonders beliebt ist der Märchenerzähler, der sie mit Geschichten aus wunderbaren Welten in seinen Bann zieht. Außerdem geben Wiesbadener Musikgruppen, Orchester und Kinderchöre ihre Künste zum Besten und lassen so bei jung und alt Weihnachtsstimmung aufkommen.

Weitere Informationen
Kurbetriebe der Landeshauptstadt Wiesbaden
Kurhausplatz 1, 65189 Wiesbaden
Tel. 06 11/17 29-298
Fax 06 11/17 29-299
www.wiesbaden.de

65389 Rüdesheim am Rhein

Weihnachts-markt der Nationen

International zeigt sich der »Weihnachtsmarkt der Nationen« in Rüdesheim am Rhein. Den Besuchern wird die Weihnachtskultur von 20 Ländern nähergebracht, unter anderem stellen Frankreich, Großbritannien, Italien, Österreich und die USA ihre Traditionen und Spezialitäten vor.

Wann und Wo?

Der Markt findet an allen vier Adventswochenenden in der Innenstadt von Rüdesheim statt, 2000 ist dies vom 1. Dezember bis 3. Dezember, vom 8. Dezember bis 11. Dezember, vom 15. Dezember bis 17. Dezember und vom 22. Dezember bis 24. Dezember. Öffnungszeiten sind freitags von 14.00 bis 21.00 Uhr, samstags von 10.00 bis 21.00 Uhr und sonntags von 10.00 bis 20.00 Uhr.

Was ist geboten?

Neben den bereits erwähnten internationalen Spezialitäten bieten die rund 120 Stände des Marktes noch viel mehr. So lassen sich Vertreter der alten Handwerkskünste, wie z.B. Glasbläser oder Krippenschnitzer, bei ihrer Arbeit über die Schulter schauen. Natürlich können Sie deren Produkte hier auch erwerben. Für Kinder gibt es einen Streichelzoo, Märchenstunden und eine Bastelstube. Die Deutsche Rheinschiffahrt AG bietet darüber hinaus weihnachtliche Rundfahrten an.

Weitere Informationen

Verkehrsamt
Rheinstraße 16
65385 Rüdesheim am Rhein
Tel. 0 67 22/1 94 33
Fax 0 67 22/34 85
www.ruedesheim.de

65549 Limburg an der Lahn

Christkindl-markt

Wann und Wo?

Immer vom Freitag vor dem ersten Advent bis zum 22. Dezember dauert der Christkindlmarkt in Limburg an der Lahn, das nächste Mal also vom 1. Dezember bis 22. Dezember 2000. Veranstaltungsorte sind der Neumarkt und der Kornmarkt in der Limburger Innenstadt.

Was ist geboten?

An etwa 35 bis 40 Ständen können dann allerlei weihnachtliche Produkte, Christbaumschmuck und kleine Geschenke erworben werden. Natürlich muß auch niemand Hunger oder Durst leiden. Verschiedene Musikgruppen sorgen für ein abwechslungsreiches musikalisches Rahmenprogramm.

Weitere Informationen

Stadtverwaltung
Werner-Senger-Straße 10
65549 Limburg / Lahn
Tel. 0 64 31/2 03-0
www.limburg.de

65817 Eppstein

Weihnachts-markt

Eppstein im Taunus ist zwar nicht nur zur Weihnachtszeit eine Reise wert, doch lohnt sich dann ein Besuch ganz besonders: Wenn der Weihnachtsmarkt in der Altstadt in seiner Bengalischen Beleuchtung erstrahlt, stellt sich ganz sicher Weihnachtsstimmung ein.

Wann und Wo?

Der Eppsteiner Weihnachtsmarkt findet jedes Jahr am dritten Adventswochenende statt, das nächste Mal am 9. und 10. Dezember 2000.
In der Altstadt kann dann nach Herzenslust gebummelt werden.

Was ist geboten?

An etwa 50 bis 70 Ständen können Besucher allerlei weihnachtliche Produkte, darunter auch Keramik und der allseits beliebte Glühwein, erwerben. Burgschauspieler stellen Märchen dar, auch eine lebende Krippe erfreut besonders die Kinder. Ebenfalls auf dem Programm stehen Advents- und Weihnachtsmusik.

Weitere Informationen

Stadtverwaltung
Hauptstraße 99
65817 Eppstein
Tel. 0 61 98/3 05-0
Fax 0 61 98/3 05-109
www.eppstein.de

66111 Saarbrücken

Christkindl-markt

Wann und Wo?

Der Christkindlmarkt in Saarbrücken findet das nächste Mal vom 30. November bis 23. Dezember 2000 in der Saarbrückener Altstadt statt.

Was ist geboten?

An etwa 70 Ständen können Besucher dann originelle Weihnachtsgeschenke und Christbaumschmuck erstehen. Natürlich ist auch für das leibliche Wohl bestens gesorgt. Zur Eröffnung und am Nikolaustag ist der Weihnachtsmann höchstpersönlich zugegen und verteilt Weckmänner an die Kinder. Außerdem gibt es eine Krippe und ein Kinderkarussell. Bläsergruppen sorgen mit weihnachtlichen Klängen für die musikalische Untermalung des Marktes.

Weitere Informationen

Kontour
Kongress und Touristik GmbH Saar
Großherzog-Friedrich-Straße 1
66111 Saarbrücken
Tel. 06 81/3 69 01
Fax 06 81/39 03 53
www.saarbruecken.de

67433 Neustadt an der Weinstraße

Weihnachtsmarkt

Wann und Wo?

Der Weihnachtsmarkt in Neustadt an der Weinstraße findet das nächste Mal vom 27. November bis 19. Dezember 2000 auf dem historischen Marktplatz und rund um die Stiftskirche statt. Geöffnet ist montags bis donnerstags von 11.00 bis 20.00 Uhr, freitags bis sonntags von 11.00 bis 21.00 Uhr.

Was ist geboten?

Weihnachtliche Produkte und kulinarische Köstlichkeiten - so läßt sich das Angebot des Marktes kurz und knapp zusammenfassen. Außerdem steht regelmäßig Turmblasen auf dem Programm und verschiedene Neustädter Chöre geben ihre Künste zum Besten. Dienstags ist immer Kindertag: Kleine Marktbesucher können dann zum halben Preis ihre Runden auf dem Karussell drehen oder dem Kasperle-Theater zuschauen. In der Backstube können Kinder ihre eigenen Plätzchen backen. Im Michelschen Hof findet an den Adventswochenenden eine Krippenausstellung statt.

Weitere Informationen

Tourist GmbH
Exterstraße 2
67433 Neustadt an der Weinstraße
Tel. 0 63 21/92 68 56
Fax 0 63 21/92 68 91
www.neustadt.pfalz.com

67547 Worms

Wormser Weihnacht

Wann und Wo?

Auf dem Schloßplatz vor dem Wormser Dom findet das nächste Mal vom 30. November bis 23. Dezember 2000 ein Weihnachtsmarkt statt.

Was ist geboten?

Neben rund 30 Verkaufs- und Gastronomieständen sind dort auch Fahrgeschäfte für Kinder vorhanden. Jeweils am Samstag und Sonntag geben Bläsergruppen ihre Künste zum Besten, auch unter der Woche ist ein buntes Rahmenprogramm geboten. Für Gruppen gibt es ein ganz besonderes Angebot: Nach einem ausgiebigen Bummel über den Weihnachtsmarkt können sie an einer Führung durch den Dom sowie durch das Kunsthaus Heylsdorf teilnehmen.

Weitere Informationen

Tourist-Information Worms
67457 Worms
Tel. 0 62 41/2 50 45
Fax 0 62 41/2 63 28
www.worms.de

68159 Mannheim

Weihnachtsmarkt

Inmitten einer der schönsten und besterhaltenen Jugendstilanlagen Deutschlands findet der Mannheimer Weihnachtsmarkt statt. Festlich dekorierte Buden drängen sich rund um den Wasserturm, das Wahrzeichen der Stadt. 76 Holzplatten der Marktstände wurden übrigens von Kindern in einem Malwettbewerb gestaltet. Thema war dabei »Weihnachten, Märchen, Mannheim«.

Wann und Wo?

Das nächste Mal findet der Mannheimer Weihnachtsmarkt vom 29.November bis 23. Dezember 2000 am Mannheimer Wasserturm im Herzen der Stadt statt. Geöffnet ist täglich von 11.00 bis 21.00 Uhr. Die nächst gelegenen Bus- bzw. Straßenbahnhalte stellen sind »Rosengarten« und »Wasserturm«.

Was ist geboten?

Etwa 200 Stände verlocken mit nützlichen und schönen Dingen zum Geldausgeben. Dabei dürfen handgezogene Kerzen ebenso wenig fehlen wie Christbaumschmuck, Glaswaren, Spielzeug oder Lederprodukte. Über all dem schwebt ein Duft von gebrannten Mandeln und Glühwein. Doch nicht nur »typisch Deutsches« finden Marktbummler hier. Insgesamt präsentieren alle fünf Kontinente ihre Produkte. Verschenken Sie doch heuer einmal einen südamerikanischen Regenmacher oder ein ägyptisches Papyrus-Bild! Am Nikolaustag ist in Mannheim Kindernachmittag. Dann kommt natürlich der Nikolaus höchstpersönlich in die Stadt, zusammen mit einer Märchentante. Täglich um 16.00 und 18.00 Uhr ist ein buntes Bühnenprogramm geboten. Unter anderem können Marktbummler hier Musik von weihnachtlich bis lateinamerikanisch lauschen. Daneben kommt in Mannheim trotz aller weihnachtlichen Schlemmerei und Bummelei auch das karitative Engagement nicht zu kurz: Am Sonderstand »Informieren + Helfen« verkaufen Mannheimer Institutionen selbst gebastelte Artikel und informieren über ihre ehrenamtliche Arbeit. Der Erlös kommt dabei selbstverständlich gemeinnützigen Projekten zugute.

Weitere Informationen

Mannheimer Weihnachtsmarkt GmbH
Xaver-Fuhr-Straße 101
68163 Mannheim
Tel. 06 21/4 25 09-0
Fax 06 21/4 25 09-34
www.weihnachtsmarktmannheim.de

Weihnachtsmarkt

In der Adventszeit hat Heidelbergs einen ganz eigenen Reiz: In den Altstadtgassen herrscht Adventsstimmung und ein Duft von Glühwein und gebrannten Mandeln schwebt über der Universitätsstadt. Besonders feierlich wirken die Lichtprojektionen, die die Rathausfassade jeden Tag um 17.00 Uhr in einen bunten Adventskalender verwandeln.

Weitere Informationen

Verkehrsverein Heidelberg
Friedrich-Ebert-Anlage 2
69117 Heidelberg
Tel. 0 62 21/14 22-11
Fax 0 62 21/14 22-22
www.heidelberg.de

Wann und Wo?

Das nächste Mal findet der Heidelberger Weihnachtsmarkt vom 29. November bis 23. Dezember 2000 statt. Veranstaltungsorte sind Universitätsplatz, Marktplatz und Kornmarkt in der Altstadt. Die Straßenbahnlinie 1 hält am Bismarckplatz. Von dort aus kann man den Markt bequem zu Fuß erreichen.

Was ist geboten?

Rund 140 festlich geschmückte Holzbuden laden zu weihnachtlichem Bummel- und Schlemmvergnügen ein. Besonderer Wert wird dabei auf schönes Kunsthandwerk gelegt. Der Kornmarkt ist fest in der Hand der Kinder: Sie können sich in einer Kinderbackstube selbst an allerlei Weihnachtsgebäck versuchen, auf der Eisenbahn ihre Runden drehen oder lebende Tiere bestaunen. Für einen passenden musikalischen Rahmen sorgen Adventskonzerte, die in zahlreichen Heidelberger Kirchen stattfinden.

Weitere Weihnachtsmärkte in diesem Postleitzahlenbereich

68804 Altlußheim:
Weihnachtsmarkt, 11. bis 12. Nov. 2000

63916 Amorbach:
Weihnachtsmarkt, 9. bis 10. Dez. 2000

63739 Aschaffenburg:
Weihnachtsmarkt,
30. Nov. bis 21. Dez. 2000

64832 Babenhausen:
Weihnachtsmarkt, 2. bis 3. Dez. 2000

65520 Bad Camberg:
Weihnachts- und Christkindlmarkt,
1. bis 3. Dez. und 17. Dez. 2000

67098 Bad Dürkheim:
Weihnachtsmarkt, 1. bis 23. Dez. 2000

63619 Bad Orb:
Weihnachtsmarkt, 9. bis 10. Dez. 2000

65812 Bad Soden/Taunus:
Weihnachtsmarkt, 1. bis 2. Dez. 2000

63628 Bad Soden-Salmünster:
Weihnachtsmarkt, 2. Dez. und 9. bis
10. Dez. 2000

69245 Bammental:
Weihnachtsmarkt, 17. Dez. 2000

64625 Bensheim:
Weihnachtsmarkt,
30. Nov. bis 3. Dez. 2000

64404 Bickenbach:
Weihnachtsmarkt, 3. Dez. 2000

64584 Biebesheim am Rhein:
Weihnachtsmarkt, 23. bis 24. Dez. 2000

69488 Birkenau:
Weihnachtsmarkt, 16. bis 17. Dez. 2000

63633 Birstein:
Weihnachtsmarkt, 2. bis 3. Dez. 2000

66440 Blieskastel:
Christkindmarkt, 8. bis 10. Dez. 2000;
Weihnachtskrammarkt, 15. Dez. 2000

67273: Bobenheim am Berg:
Weihnachtsmarkt, 2. bis 3. Dez. 2000

67240 Bobenheim-Roxheim:
Weihnachtsmarkt, 9. bis 10. Dez. 2000

67278 Bockenheim an der Weinstraße:
Weihnachtsmarkt, 2. bis 3. Dez. 2000

64395 Brensbach:
Weihnachtsmarkt, 8. bis 10. Dez. 2000

63486 Bruchköbel:
Weihnachtsmarkt, 1. bis 3. Dez. 2000

66892 Bruchmühlbach-Miesau:
Weihnachtsmarkt, 2. bis 3. Dez., 9. Dez.
und 16. bis 17. Dez. 2000

63654 Büdingen:
Weihnachtsmarkt, 16. bis 17. Dez. 2000

66151 Burghaun:
Weihnachtsmarkt, 2. bis 3. Dez. 2000

66978 Clausen:
Weihnachtsmarkt, 17. Dez. 2000

67125 Dannstadt-Schauernheim:
Weihnachtsmarkt, 9. bis 10. Dez. 2000

64283 Darmstadt:
Weihnachtsmarkt,
20. Nov. bis 23. Dez. 2000

67146 Deidesheim:
Weihnachtsmarkt, 1. bis 3. Dez., 8. bis 10. Dez., 15. bis 17. Dez. und 22. bis 23. Dez. 2000

67434 Diedesfeld:
Weihnachtsmarkt, 1. bis 3. Dez. 2000

63128 Dietzenbach:
Weihnachtsmarkt, 2. bis 3. Dez. 2000

67246 Dirmstein:
Weihnachtsmarkt, 2. bis 3. Dez., 9. bis 10. Dez. und 16. bis 17. Dez. 2000

66978 Dornsieders:
Weihnachtsmarkt, 10. Dez. 2000

63303 Dreieich:
Weihnachtsmarkt, 1. bis 2. Dez. und
8. bis 9. Dez. 2000

67280 Ebertsheim:
Weihnachtsmarkt, 2. Dez. 2000

67480 Edenkoben:
Weihnachtsmarkt, 25. bis 26. Nov., 2. bis 3. Dez. und 6. Dez. 2000

68535 Edingen-Neckarhausen:
Weihnachtsmarkt, 9. bis 10. Dez. 2000

67304 Eisenberg:
Weihnachtsmarkt, 2. bis 3. Dez. 2000

67677 Enkenbach-Alsenborn:
Weihnachtsmarkt, 2. bis 3. Dez. und
9. bis 10. Dez. 2000

64895 Eppertshausen:
Weihnachtsmarkt, 16. bis 17. Dez. 2000

64711 Erbach:
Weihnachtsmarkt, 1. bis 3. Dez. und
8. bis 10. Dez. 2000

67685 Erzenhausen:
Weihnachtsmarkt, 3. Dez. 2000

65760 Eschborn:
Weihnachtsmarkt, 9. bis 10. Dez. 2000

67808 Falkenstein:
Weihnachtsmarkt, 10. Dez. 2000

65439 Flörsheim am Main:
Weihnachtsmarkt, 2. bis 3. Dez. 2000

67227 Frankenthal:
Weihnachtsmarkt,
30. Nov. bis 22. Dez. 2000

67468 Frankenstein:
Weihnachtsmarkt, 2. bis 3. Dez. 2000

64407 Fränkisch-Crumbach:
Weihnachtsmarkt, 16. bis 17. Dez. 2000

63579 Freigericht:
Weihnachtsmarkt in Somborn,
9. bis 10. Dez. 2000

67152 Freinsheim:
Weihnachtsmarkt, 2. bis 3. Dez., 9. bis 10. Dez. und 16. bis 17. Dez. 2000

61169 Friedberg/Hessen:
Christkindlmarkt, 16. bis 17. Dez. 2000

64658 Fürth/Odenwald:
Adventsmarkt in Erlenbach, 3. Dez.,
9. bis 10. Dez. und 16. bis 17. Dez. 2000

69251 Gaiberg:
Weihnachtsmarkt, 3. Dez. 2000

63571 Gelnhausen:
Weihnachtsmarkt, 8. bis 17. Dez. 2000

64579 Gernsheim:
Weihnachtsmarkt, 9. bis 10. Dez. 2000

67307 Göllheim:

Weihnachtsmarkt, 3. Dez. 2000

64501 Groß-Bieberau:

Weihnachtsmarkt, 3. Dez. 2000

64521 Groß-Gerau:

Weihnachtsmarkt, 8. bis 10. Dez. 2000

67229 Großkarlbach:

Weihnachtsmarkt, 2. bis 3. Dez. und 9. bis 10. Dez. 2000

63538 Großkrotzenburg:

Weihnachtsmarkt, 9. bis 10. Dez. 2000

63763 Großostheim:

Weihnachtsmarkt, 2. bis 3. Dez. und 9. bis 10. Dez. 2000

64823 Groß-Umstadt:

Adventsmarkt, 8. bis 10. Dez. 2000

63584 Gründau:

Weihnachtsmarkt in Lieblos, 10. Dez. 2000; Weihnachtsmarkt in Gettenbach, 16. Dez. 2000

65589 Hadamar:

Weihnachtsmarkt, 1. bis 10. Dez. 2000

63595 Hasselroth:

Weihnachtsmarkt in Gondsroth, 17. Dez. 2000

67454 Haßloch:

Weihnachtsmarkt, 24. bis 26. Nov., 1. bis 3. Dez., 8. bis 10. Dez. und 15. bis 17. Dez. 2000

65795 Hattersheim:

Großer Weihnachtsmarkt, 17. Dez. 2000

69502 Hemsbach an der Bergstraße:

Weihnachtsmarkt, 2. bis 3. Dez. und 9. bis 10. Dez. 2000

63150 Heusenstamm:

St. Nikolausmarkt, 9. bis 10. Dez. 2000

69434 Hirschhorn:

Weihnachtsmarkt, 9. bis 10. Dez. 2000

66989 Höheinöd:

Weihnachtsmarkt, 9. Dez. 2000

65239 Hochheim/Main:

Weihnachtsmarkt, 8. bis 10. Dez. 2000

67691 Hochspeyer:

Weihnachtsmarkt, 9. bis 10. Dez. 2000

68766 Hockenheim:

Hockenheimer Advent, 1. bis 3. Dez. 2000

664242 Homburg/Saar:

Nikolausmarkt, 1. bis 10. Dez. 2000

66851 Horbach:

Weihnachtsmarkt, 2. Dez. 2000

65510 Idstein:

Weihnachtsmarkt, 2. bis 3. Dez. 2000

67655 Kaiserslautern:

Weihnachtsmarkt, 27. Nov. bis 22. Dez. 2000

61184 Karben:
Weihnachtsmarkt, 9. bis 10. Dez. 2000

68775 Ketsch:
Weihnachtsmarkt, 2. bis 3. Dez. 2000

67281 Kirchheim an der Weinstraße:
Weihnachtsmarkt, 2. bis 3. Dez. 2000

67292 Kirchheimbolanden:
Weihnachtsmarkt, 8. bis 10. Dez. 2000

67271 Kleinkarlbach:
Weihnachtsmarkt, 9. bis 10. Dez. 2000

65830 Kriftel:
Weihnachtsmarkt, 3. Dez. 2000

61476 Kronberg/Taunus:
Weihnachtsmarkt, 9. bis 12. Dez. 2000

68526 Ladenburg:
Weihnachtsmarkt, 2. bis 17. Dez. 2000 (Samstag und Sonntag)

67245 Lambsheim:
Weihnachtsmarkt, 2. bis 3. Dez. 2000

68623 Lampertheim:
Weihnachtsmarkt, 2. bis 17. Dez. 2000 (Samstag und Sonntag)

66849 Landstuhl:
Weihnachtsmarkt, 2. bis 3. Dez. und 16. bis 19. Dez. 2000

63225 Langen:
Weihnachtsmarkt, 2. bis 3. Dez. und 9. bis 10. Dez. 2000

63505 Langenselbold:
Weihnachtsmarkt, 1. bis 3. Dez. 2000

67229 Laumersheim:
Weihnachtsmarkt, 17. Dez. 2000

66822 Lebach:
Weihnachtsmarkt, 14. Dez. 2000

69181 Leimen:
Weihnachtsmarkt, 2. bis 3. Dez. 2000

66969 Lemberg:
Weihnachtsmarkt, 3. Dez. 2000

65835 Liederbach/Taunus:
Weihnachtsmarkt, 10. Dez. 2000

64678 Lindenfels:
Weihnachtsmarkt, 8. bis 10. Dez. 2000

64653 Lorsch:
Weihnachtsmarkt, 2. bis 3. Dez. 2000

67059 Ludwigshafen:
Weihnachtsmarkt, 24. Nov. bis 22. Dez. 2000

67686 Mackenbach:
Weihnachtsmarkt, 2. Dez. 2000

66894 Martinshöhe:
Weihnachtsmarkt, 3. Dez. 2000

67678 Mehlingen:
Weihnachtsmarkt, 2. bis 3. Dez. 2000

66663 Merzig/Schwemlingen:
Internationaler Kunsthandwerkermarkt, 9. bis 10. Dez. 2000

63897 Miltenberg:
Weihnachtsmarkt in der Stadt, 1. bis 3. Dez. 2000; Weihnachtsmarkt am Schnatterloch, 8. bis 10. Dez. 2000; Weihnachtsmarkt im Alten Rathaus, 15. bis 17. Dez. 2000; Weihnachtsmarkt an der Domkellerei, 22. bis 23. Dez. 2000

63165 Mühlheim/Main:
Weihnachtsmarkt, 9. bis 10. Dez. 2000

64367 Mühltal-Nieder-Ramstadt:
Weihnachtsmarkt, 25. bis 26. Nov. 2000

64367 Mühltal-Traisa:
Nikolausmarkt, 2. Dez. 2000

67112 Mutterstadt:
Weihnachtsmarkt, 2. bis 3. Dez. und 9. bis 10. Dez. 2000

69151 Neckargemünd:
Weihnachtsmarkt, 8. bis 10. Dez. 2000

69239 Neckarsteinach:
Historischer Weihnachtsmarkt, 2. bis 3. Dez. 2000

67141 Neuhofen:
Weihnachtsmarkt, 2. bis 3. Dez. und 9. bis 10. Dez. 2000

67271 Neuleiningen:
Weihnachtsmarkt, 2. bis 3. Dez. und 9. bis 10. Dez. 2000

68809 Neulußheim:
Weihnachtsmarkt, 2. Dez. 2000

66538 Neunkirchen/Saar:
Weihnachtsmarkt, 1. bis 10. Dez. 2000

63667 Nidda:
Weihnachtsmarkt, 9. bis 10. Dez. 2000

65527 Niedernhausen:
Weihnachtsmarkt, 2. bis 3. Dez. 2000

69226 Nußloch:
Benzenickel-Basar: 25. bis 26. Nov. 2000

61239 Ober-Mörlen:
Weihnachtsmarkt, 2. bis 3. Dez. 2000

63179 Obertshausen:
Weihnachtsmarkt in Hausen, 17. Dez. 2000

61440 Oberursel:
Weihnachtsmarkt, 30. Nov. bis 3. Dez. 2000

67283 Obrigheim:
Weihnachtsmarkt, 16. bis 17. Dez. 2000

65375 Oestrich-Winkel:
Christkindlmarkt, 16. Und 17. Dez. 2000

63067 Offenbach am Main:
Weihnachtsmarkt, 27. Nov. bis 23. Dez. 2000

63683 Ortenberg:
Bleichenbacher Weihnachtsmarkt, 2. bis 3. Dez. 2000; Ortenberger Weihnacht, 16. bis 17. Dez. 2000

67697 Otterberg:
Weihnachtsmarkt, 3., 10.,17. und 23. Dez. 2000

67166 Otterstadt:
Weihnachtsmarkt, 10. Dez. 2000

66564 Ottweiler:
Christkindlmarkt, 2. bis 3. Dez. 2000

66989 Petersberg:
Weihnachtsmarkt, 9. Dez. 2000

66953 Pirmasens:
Weihnachtsmarkt, 1. bis 23. Dez. 2000

68723 Plankstadt:
Weihnachtsmarkt, 16. bis 17. Dez. 2000

67280 Quirnheim:
Weihnachtsmarkt, 26. Nov. 2000

66877 Ramstein-Miesenbach:
Weihnachtsmarkt, 2. bis 3. Dez. 2000

64385 Reichelsheim:
Lebkuchen- und Weihnachtsmarkt, 9. bis 10. Dez. 2000; Weihnachtsmarkt, 16. bis 17. Dez. 2000

66509 Rieschweiler-Mühlbach:
Weihnachtsmarkt, 15. bis 17. Dez. 2000

64668 Rimbach:
Weihnachtsbasar, 3. Dez. 2000

67806 Rockenhausen:
Weihnachtsmarkt, 25. bis 27. Nov. 2000

66976 Rodalben:
Weihnachtsmarkt, 2. bis 3. Dez. und 9. Dez. 2000

67688 Rodenbach:
Weihnachtsmarkt, 2. Dez. 2000

63322 Rödermark:
Weihnachtsmarkt in Ober-Roden, 3. Dez. 2000; Weihnachtsmarkt in Urberach, 9. bis 10. Dez. 2000

64380 Roßdorf:
Weihnachtsmarkt, 9. bis 10. Dez. 2000; Weihnachtsmarkt in Gundernhausen, 17. Dez. 2000

63860 Rothenbuch:
Weihnachtsmarkt, 2. bis 3. Dez. 2000

66957 Ruppertsweiler:
Weihnachtsmarkt, 3. Dez. 2000

67105 Schifferstadt:
Weihnachtsmarkt, 2. bis 3. Dez., 9. bis 10. Dez. und 16. bis 17. Dez. 2000

65428 Rüsselsheim:
Kunsthandwerkermarkt, 30. Nov. bis 3. Dez. 2000; Weihnachtsmarkt, 7. bis 10. Dez. 2000

64850 Schaafheim:
Weihnachtsmarkt, 16. bis 17. Dez. 2000

66839 Schmelz:
Historischer Weihnachtsmarkt, 9. Dez. 2000

66773 Schwalbach/Saar:
Weihnachtsmarkt, 2. bis 3. Dez. 2000

65824 Schwalbach/Taunus:
Weihnachtsmarkt, 9. Dez. 2000

67685 Schwedelbach:
Weihnachtsmarkt, 9. bis 10. Dez. 2000

68723 Schwetzingen:
Weihnachtsmarkt, 9. bis 10. Dez., 16. bis 17. Dez. und 23. bis 24. Dez. 2000

65618 Selters:
Nikolausmarkt, 9. bis 10. Dez. 2000

64795 Sensbachtal:
Weihnachtsmarkt, 12. Dez. 2000

67346 Speyer:
Weihnachtsmarkt,
22. Nov. bis 22. Dez. 2000

66606 St. Wendel:
Nikolausmarkt, 7. Dez. 2000

65843 Sulzbach/Taunus:
Weihnachtsmarkt, 2. Dez. 2000

66987 Thaleischweiler-Fröschen:
Weihnachtsmarkt, 2. Dez. 2000

61250 Usingen:
Weihnachtsmarkt, 2. Dez. 2000;
Christkindlmarkt, 16. bis 17. Dez. 2000

68519 Viernheim:
Weihnachtsmarkt, 2. bis 3. Dez., 9. bis 10. Dez. und 16. bis 17. Dez. 2000

66957 Vinningen:
Weihnachtsmarkt, 2. bis 3. Dez. 2000

63607 Wächtersbach:
Weihnachtsmarkt, 2. Dez. 2000

67714 Waldfischbach-Burgalben:
Weihnachtsmarkt, 2. bis 3. Dez. 2000

69483 Wald-Michelbach:
Weihnachtsmarkt, 8. bis 10. Dez. 2000

65396 Walluf:
Weihnachtsmarkt, 2. Dez. 2000

67693 Waldleiningen:
Weihnachtsmarkt,17. Dez. 2000

61273 Wehrheim:
Weihnachtsmarkt, 9. Dez. 2000

67685 Weilerbach:
Weihnachtsmarkt, 2. bis 3. Dez. 2000

67256 Weisenheim am Sand:
Weihnachtsmarkt, 2. bis 3. Dez. und 9. bis 10. Dez. 2000

66709 Weiskirchen:
Weihnachts- und Antikmarkt, 9. bis 10. Dez. 2000

67722 Winnweiler:
Weihnachtsmarkt, 3. Dez. 2000

66482 Zweibrücken:
Weihnachtsmarkt, 2. bis 17. Dez. 2000

64673 Zwingenberg:
Weihnachtsmarkt, 8. bis 9. Dez. und 16. bis 17. Dez. 2000

Postleitzahlenbereich 7

Weihnachtsmarkt
44

70000 Stuttgart

Weihnachtsmarkt

Der Stuttgarter Weihnachtsmarkt gilt mit einer Zahl von über 200 Ständen als größter Weihnachtsmarkt Europas.

Wann und Wo?

Das nächste Mal findet er vom 1. Dezember bis 23. Dezember 2000 auf dem Marktplatz, dem Schillerplatz und in der Kirchstraße statt.

Was ist geboten?

Neben der Möglichkeit zu einem ausgedehnten Bummel durch die vielen Buden sind unter anderem Adventskonzerte im Innenhof des Alten Schlosses und auf der Rathaustreppe geboten. Für Kinder gibt es auf dem Schloßplatz ein Märchenland. Wer aus der Ferne anreist, kann auf eine Reihe von Pauschalangeboten zurückgreifen.

Weitere Informationen.

Stuttgart Marketing GmbH
Lautenschlagerstraße 3
70173 Stuttgart
Tel. 07 11/ 22 28-0
Fax 07 11/ 22 28-270
www.stuttgart-tourist.de

71634 Ludwigsburg

Barock-weihnacht

Weihnachten für die Sinne – unter diesem Motto steht die Barockweihnacht im württembergischen Ludwigsburg. Besonders weihnachtlich wirkt der Markt, wenn der barocke, von Arkaden umsäumte Marktplatz in festlichem Glanz erstrahlt.

Wann und Wo?

Das nächste Mal findet der Barock-Weihnachtsmarkt vom 23. November bis 22. Dezember 2000 auf dem Ludwigsburger Marktplatz statt.

Was ist geboten?

Rund 140 wunderschön dekorierte Stände verlocken geradezu zum Geldausgeben. Ob Handwerkskunst oder Leckereien – hier finden Weihnachtsmarktfreunde alles, was ihre Herzen höher schlagen läßt. Ein musikalisches Rahmenprogramm mit Konzerten und Tanz sorgt für festliche Stimmung. Kinder freuen sich besonders über den Streichelzoo. Außerdem finden in Ludwigsburg historische Krippen-, Puppen- und Teddybärenausstellungen statt.

Weitere Informationen

Ludwigsburger Stadtmarketing und Touristik GmbH
Stuttgarter Straße 35
71638 Ludwigsburg
Tel. 0 71 41/91 75 10
Fax 0 71 41/91 75 50
www.ludwigsburg.de

72070 Tübingen

Weihnachts-markt

Ausgefallen, besonders und typisch – so bezeichnet sich der Tübinger Weihnachtsmarkt. Im Kerzenschein und Lichterglanz verschmelzen die originellen Standkreationen mit der Fachwerkkulisse der historischen Altstadt zu einem festlichen Ganzen.

Wann und Wo?

Immer am dritten Adventswochenende zeigt sich Tübingen von seiner weihnachtlichsten Seite, das nächste Mal vom 15. Dezember bis 17. Dezember 2000. Dabei erstreckt sich der Weihnachtsmarkt über die gesamte Innenstadt, von der »Unteren Stadt« über die »Krumme Brücke« und Kornhausstraße bis hin zum Marktplatz und weiter über Holzmarkt, Neckargasse, neue Straße und ums Nonnenhaus.

Was ist geboten?

Zahlreiche Stände verlocken Marktbesucher zum Bummeln und Schlemmen; die meisten der angebotenen Waren sind übrigens selbstgemacht. Neben traditionellen weihnachtlichen Speisen wie Glühwein und gebrannten Mandeln kann man sich in Tübingen auch an exotischeren Leckereien wie Kebab oder Pizza laben. Besonders viel ist für die kleinen Marktbesucher geboten: Ein Kinderkarussell, Ponyreiten, Filmvorführungen, Zauberer und Clowns sorgen dafür, daß es Kindern ganz bestimmt nicht langweilig wird. Erwachsene können sich von zahlreichen musikalischen Darbietungen in Weihnachtsstimmung versetzen lassen.

Weitere Informationen
Verkehrsverein Tübingen
An der Neckarbrücke
72072 Tübingen
Tel. 0 70 71/91 36-14
www.tuebingen.de

Romantischer Weihnachtsmarkt auf der Burg Hohenzollern

Auf eine uralte Tradition kann der Stammsitz des Hauses Hohenzollern zurückblicken. Der Vorläufer der heutigen Burg wurde bereits in der ersten Hälfte des 11. Jahrhunderts erbaut, allerdings 1423 nach zehnmonatiger Belagerung völlig zerstört. In den folgenden Jahrhunderten wiederaufgebaut und mehrmals erweitert, verfiel sie zu Beginn des 19. Jahrhunderts jedoch wieder. Die Burg, so wie wir sie heute kennen, wurde unter König Friedrich Wilhelm IV. von Preußen errichtet und ist heute eine der imposantesten Burganlagen Deutschlands im neugotischen Stil. Könnte man sich eine bessere Kulisse für einen romantischen Weihnachtsmarkt vorstellen? Wohl kaum, denn wenn die Burg hoch über der tief verschneiten Winterlandschaft thront, läßt sich ein jeder von Burgflair und Weihnachtsstimmung anstecken.

Wann und Wo?

Der romantische Weihnachtsmarkt auf der Burg Hohenzollern findet jedes Jahr am ersten Adventswochenende statt, das nächste Mal am 2. Dezember und 3. Dezember 2000.

Was ist geboten?

Im Innenhof und im Garten der Burg sind dann etwa 26 Buden aufgebaut, an denen nur handwerklich hergestellte Waren verkauft werden. Auch das leibliche Wohl kommt nicht zu kurz. In der katholischen Kirche trägt ein Chor Weihnachtslieder vor, im Burghof treten Posaunenbläser auf.

Weitere Informationen

Burg Hohenzollern
Verwaltung, 72379 Hechingen
Tel. 0 74 71/24 28
www.hechingen.de

72430 Aalen

Weihnachtsmarkt

Wann und Wo?

In Aalen findet das nächste Mal vom 1. Dezember bis 23. Dezember 2000 auf dem Spritzenhausplatz in der Innenstadt der Weihnachtsmarkt statt.

Was ist geboten?

Die besondere Atmosphäre des Marktes entsteht vor allem durch die einheitliche Gestaltungsvorgabe für die rund 45 Stände. Doch auch wenn sie von außen alle gleich aussehen, in ihrem Angebot unterscheiden sich die Buden gewaltig. Von Glühwein und Lebkuchen über Christbaumschmuck und Weihnachtsgeschenke ist hier alles erhältlich, was zu einem Weihnachtsmarkt gehört. Darüber hinaus wartet die Stadt Aalen mit einem umfangreichen adventlichen Rahmenprogramm mit Darbietungen von Musikgruppen und Chören auf.

Weitere Informationen

Touristik-Service Aalen
Marktplatz 2
73430 Aalen
Tel. 0 73 61/52-0
www.aalen.de

72760 Reutlingen

Weihnachtsmarkt

Wann und Wo?

So manche Überraschung und ganz bestimmt viel Sehenswertes erwartet Besucher des Reutlinger Weihnachtsmarktes, der zum nächsten Mal vom 1. Dezember bis 21. Dezember 2000 rund um die Marienkirche stattfindet. Geöffnet ist der Markt montags bis samstags von 10.00 bis 20.00 Uhr, sonntags von 11.00 bis 20.00 Uhr.

Was ist geboten?

Neben den üblichen Buden mit weihnachtlichen Produkten und Leckereien wartet die Stadt Reutlingen mit einem bunten Erlebnisprogramm auf, das besonders die Herzen der Kinder höher schlagen läßt. So können sie z.B. Ponyreiten oder sich beim Nikolaus höchstpersönlich ein kleines Geschenk abholen. Auf dem Marktplatz ist ein Kinderkarussell aufgebaut. Jeweils am Dienstag und Donnerstag können groß und klein kostenlose Kutschfahrten durch das historische Reutlingen unternehmen. Außerdem führen jeden Tag Glasbläser, Glasschleifer und Holzschnitzer ihre Künste vor. In der Marienkirche findet eine Reihe von Adventskonzerten statt, zahlreiche Chöre und Musikgruppen geben ihre Künste zum Besten.

Weitere Informationen

Stadt Reutlingen
Fremdenverkehrsamt
Listplatz, 72764 Reutlingen
Tel. 0 71 21/3 03-26 22
Fax 0 71 21/33 95 90
www.reutlingen.de

74072 Heilbronn

Weihnachtsmarkt

In hellem Lichterglanz erstrahlen Marktplatz und Kiliansplatz in Heilbronn zur Weihnachtszeit. Vor der Kulisse des historischen Rathauses und der Kilianskirche mit ihrem Renaissanceturm laden rund 100 weihnachtlich geschmückte Holzhäuschen zum Bummeln und Schlemmen ein. Neben Tannengirlanden und Lichterketten schmücken rund 150 Fichten den Weihnachtsmarkt.

Wann und Wo?

Das nächste Mal findet der Heilbronner Weihnachtsmarkt vom 23. November bis 22. Dezember 2000 auf dem Marktplatz, dem Kiliansplatz und in der Sülmerstraße statt.

Was ist geboten?

Im Angebot des Weihnachtsmarktes finden sich kunsthandwerkliche Geschenkartikel aus zahlreichen Ländern, darunter Kerzen, Gewürzsträuße, Silberschmuck, Keramik und Holzspielzeug. Natürlich kommt auch das leibliche Wohl nicht zu kurz: Glühwein, Germknödel, gebrannte Mandeln und Waffeln lassen den Marktbesuchern das Wasser im Munde zusammenlaufen. Voll auf ihre Kosten kommen auch die Kinder: Sie können sich unter anderem auf einem historischen Karussell mit Holzpferden vergnügen oder sich im Märchenzelt von Märchenerzählern in fremde Welten entführen lassen. Darüber hinaus wartet die Stadt Heilbronn mit einem umfangreichen Rahmenprogramm auf dem Marktplatz auf, das insgesamt über 50 Programmpunkte umfaßt. Dazu zählen u.a. musikalische Darbietungen von Blaskapellen, Kinder-, Kirchen- und Posaunenchören sowie Adventsansprachen, die in der oftmals hektischen Vorweihnachtszeit zum Nachdenken und Besinnen anregen.
Für Gäste, die von außerhalb zum Heilbronner Weihnachtsmarkt anreisen, bietet das Amt für Tourismus Pauschalangebote an.

Weitere Informationen

Stadt Heilbronn
Amt für Marketing, Information und Tourismus
Postfach 3440
74024 Heilbronn
Tel. 0 71 31/56 22 68
www.stadt-heilbronn.de

Altdeutscher Weihnachts-markt

Seit 1487 ist der Weihnachtsmarkt in der Tradition von Bad Wimpfen verankert. Auch heute noch lockt die Altstadt mit ihren malerischen Fachwerkhäusern jedes Jahr zahlreiche Menschen zu einem vorweihnachtlichen Bummel in die Stadt.

Wann und Wo?

Der »Altdeutsche Weihnachtsmarkt« in Bad Wimpfen findet an den ersten drei Adventswochenenden statt, das nächste Mal vom 1. bis 3. Dezember 2000, vom 8. Dezember bis 10. Dezember 2000 und vom 15. Dezember bis 17. Dezember 2000. Veranstaltungsort ist die Altstadt von Bad Wimpfen.

Was ist geboten?

Rund 160 Buden laden zum Stöbern und Schlemmen ein – hier dürfte wohl jeder ein passendes Weihnachtsgeschenk finden. Darüber hinaus versetzt einen auch ein Rahmenprogramm in Weihnachtsstimmung: verschiedene Gesangsvereine und Bläsergruppen warten mit Konzerten auf, in der Galerie der Stadt ist eine Krippenausstellung zu bewundern. Kinder können sich bei einer Märchenstunde im Märchenturm verzaubern lassen.

Weitere Informationen

Tourist-Information
Carl-Ulrich-Straße 1
74206 Bad Wimpfen
Tel. 0 70 63/97 20-0
Fax 0 70 63/97 20-20

74321 Bietigheim-Bissingen

Sternlesmarkt

In der weihnachtlich geschmückten Altstadt von Bietigheim-Bissingen kommt beim Besuch des Sternlesmarktes Weihnachtsstimmung bei groß und klein auf.

Wann und Wo?

Das nächste Mal findet der Sternlesmarkt vom 7. bis 17. Dezember 2000 auf dem Marktplatz und in der Oberen Hauptstraße statt. Öffnungszeiten sind Montag bis Freitag 11.30 bis 19.00 Uhr, Samstag 10.00 bis 20.00 Uhr und Sonntag 11.00 bis 20.00 Uhr.

Was ist geboten?

An rund 50 Ständen werden dann kunstgewerbliche Artikel, kulinarische Leckerbissen und allerlei Geschenkideen angeboten. Außerdem wartet die Stadt Bietigheim-Bissingen mit einem umfangreichen Rahmenprogramm auf. So geben diverse Musikgruppen ihr Können zum Besten. Ein Marionettentheater und ein Jongleur unterhalten ebenfalls das Publikum.

Weitere Informationen

Stadtverwaltung
Marktplatz 10
74321 Bietigheim-Bissingen
Tel. 0 71 42/74-0
www.bietigheim-bissingen.de

74523 Schwäbisch Hall

Weihnachts-markt

Wann und Wo?

In Schwäbisch-Hall findet dieses Jahr vom 30. November bis 22. Dezember 2000 in der Gelbinger Gasse der Weihnachtsmarkt statt.

Was ist geboten?

Unter der Woche werden dort an etwa 60 Ständen weihnachtliche Produkte angeboten, an den Wochenenden gesellen sich noch die Buden des Hobby-Kunsthandwerkermarktes dazu. Wer den Weihnachtsmarkt von einer ganz anderen Seite sehen will, kann eine Fahrt mit dem Weihnachtszügle unternehmen. Auch das Nürnberger Christkind gibt sich die Ehre und besucht den Markt. Für musikalische Untermalung sorgen Bläsergruppen, die mit ihren Auftritten für Weihnachtsstimmung sorgen. Am ersten Advent findet an der Johanniterkirche zusätzlich ein Kunsthandwerkermarkt statt – für Leute, die ein ganz besonderes Weihnachtsgeschenk suchen.

Weitere Informationen

Aktionsgemeinschaft Gelbinger Gasse e.V.
Gelbinger Gasse 16
74523 Schwäbisch Hall
Tel. 07 91/8 40 91
www.schwaebischhall.de

74541 Vellberg

Christkindlesmarkt

Zum 21. Mal findet 2000 der Vellberger Christkindlesmarkt statt. Das Schloß und die zahlreichen Fachwerkhäuser um den Marktplatz herum werden bei Einbruch der Dämmerung beleuchtet, so daß sie zusammen mit den beleuchteten Marktständen für eine heimelige und romantische Atmosphäre sorgen.

Wann und Wo?

Der Vellberger Christkindlesmarkt findet immer am zweiten Wochenende im Dezember statt, das nächste Mal am 9. Dezember und 10. Dezember 2000. Veranstaltungsort ist der Marktplatz in der Altstadt.

Was ist geboten?

Auf dem Markt sind etwa 100 Stände zu finden, darunter zehn Bewirtschafter. Im ehemaligen Waschhaus ist die große Stadtkrippe ausgestellt. Auch für weihnachtliche Musik ist bestens gesorgt: Vier Musikvereine und ein Drehorgelspieler lassen festliche Töne erschallen. Am Samstag und Sonntag kommt das himmlische Dreigestirn, bestehend aus Nikolaus, Knecht Ruprecht und Christkindle, in die Stadt und beschenkt alle Kinder unter zehn Jahren.

Weitere Informationen

Stadt Vellberg
Im Städtle 1
74541 Vellberg
Tel. 0 79 07/8 77-20
www.vellberg-online.de

74575 Schrozberg

Weihnachtsmarkt

Seit nunmehr 24 Jahren wird der Schrozberger Weihnachtsmarkt durchgeführt. Hauptsächlich Vereine und Kunstgewerbler bieten hier ihre Produkte zum Kauf an.

Wann und Wo?

Der Weihnachtsmarkt findet jedes Jahr am dritten Adventswochenende rund um das Schrozberger Schloß statt, zum nächsten Mal am 16. Dezember und 17. Dezember 2000.

Was ist geboten?

An den rund 65 Ständen, hauptsächlich Marktbuden aus Holz, ist eine Vielzahl weihnachtlicher Waren erhältlich, darunter Christbaumschmuck, Kunsthandwerk und natürlich allerlei Köstlichkeiten. Ergänzend zum Weihnachtsmarkt bietet die Stadt Schrozberg ein umfangreiches Rahmenprogramm mit musikalischen Darbietungen, Kinderkino, Kindertheater, Ausstellungen sowie einem Konzert in der Kirche oder Stadthalle.

Weitere Informationen

Stadt Schrozberg
Postfach 144
74575 Schrozberg
Tel. 0 79 35/7 07-0
Fax 0 79 35/7 07-50

74592 Kirchberg

Weihnachts-markt

Wann und Wo?

Seit nunmehr 26 Jahren findet vor der malerischen Kulisse der Altstadt mit dem Schloß Kirchberg im Hintergrund der Kirchberger Weihnachtsmarkt statt, das nächste Mal am 9. Dezember und 10. Dezember 2000. Marktgebiet ist das sogenannte »Städtle«, der Altstadtbereich innerhalb der Stadtmauer.

Was ist geboten?

An rund 90 Ständen werden dann originelle Weihnachtsgeschenke, Christbaumschmuck und kulinarische Köstlichkeiten angeboten. Von der Stadtmauer schallen die Klänge eines Bläserensembles, in der evangelischen Stadtkirche findet ein Adventskonzert statt. Ganz klar, daß sich auch Nikolaus, Knecht Ruprecht und das Christkind den Kirchberger Weihnachtsmarkt nicht entgehen lassen.

Weitere Informationen

Stadtverwaltung
Schloßstraße 10
74592 Kirchberg/Jagst
Tel. 0 79 54/98 01-22

75015 Bretten

Weihnachtsmarkt

Wann und Wo?

Auf dem Marktplatz von Bretten findet das nächste Mal vom 7. Dezember bis 17. Dezember 2000 ein Weihnachtsmarkt statt. Geöffnet ist dann von Montag bis Freitag von 15.00 bis 19.00 Uhr, am Wochenende von 11.00 bis 19.00 Uhr.

Was ist geboten?

An 25 Ständen kann man nach Weihnachtsgeschenken für seine Lieben suchen oder sich an allerlei Leckereien und Spezialitäten laben. Unter anderem sind hier Teelichter, Kerzen, Keramikartikel, Schmuck und Seidenmalartikel zu erwerben. Kinder zeigen sich besonders von der Krippe mit echten Tieren fasziniert. Außerdem warten verschiedene Musikgruppen mit einem umfangreichen Rahmenprogramm auf.

Weitere Informationen

Bürgermeisteramt Bretten
Amt für Kultur, Bildung und Freizeit
Postfach 15 60
75005 Bretten
Tel. 0 72 52/9 21-411
www.bretten.de

75433 Maulbronn

Weihnachts-markt

Auch wenn im Kloster Maulbronn schon lange kein mönchisches Leben mehr herrscht, ist das ehemalige Zisterzienserkloster immer einen Besuch wert, wurde es doch von der UNESCO in die Liste des Weltkulturerbes aufgenommen.

Wann und Wo?

Besonders festlich zeigt sich das Kloster jährlich am zweiten Adventswochenende, wenn hier der Weihnachtsmarkt stattfindet. Das nächste Mal ist dies am 9. Dezember und 10. Dezember 2000 der Fall.

Was ist geboten?

85 geschmückte Hütten und Stände sind im festlich geschmückten Klosterhof verteilt, an denen hauptsächlich weihnachtliche und kunsthandwerkliche Produkte angeboten werden. Außerdem sorgen diverse Maulbronner Vereine und Schulen für ein musikalisches Rahmenprogramm. Kinder können sich von einer Märchenerzählerin in ferne Welten entführen lassen. Natürlich besteht für kulturinteressierte Marktbesucher auch die Möglichkeit, an einer Führung durch das Kloster teilzunehmen.

Weitere Informationen

Stadtverwaltung Maulbronn
75433 Maulbronn
Tel. 0 70 43/1 03-0
www.maulbronn.de

76275 Ettlingen

Sternles-markt

Beliebt bei alt und jung ist der Sternlesmarkt in Ettlingen. In überschaubarem Umfang findet sich hier inmitten der historischen Altstadt alles, was die Herzen der Marktbesucher höher schlagen läßt. So kann man hier schöne vorweihnachtliche Stunden verleben.

Wann und Wo?

Das nächste Mal findet der Sternlesmarkt voraussichtlich vom 30. November bis 21. Dezember 2000 auf dem Marktplatz in Ettlingen statt. Geöffnet ist dann montags bis samstags von 10.00 bis 20.00 Uhr, sonntags von 11.00 bis 20.00 Uhr.

Was ist geboten?

An rund 35 Ständen können Besucher unter anderem Christbaumschmuck, Kerzen, Lebkuchen, Krippenfiguren, Spielzeug und Kunsthandwerk erwerben. Auch Leckereien haben ihren festen Platz im Angebot des Marktes. Besonders beliebt ist die Christkindelswerkstatt. Täglich wechselnde Hobbykünstler führen dort ihre Arbeiten vor und geben allerlei Tips und Anregungen. Auf die Kinder unter den Marktbesuchern wartet ein Weihnachtskarussell. Die artigen unter ihnen können sich am 6. Dezember vom Nikolaus höchstpersönlich ein kleines Geschenk abholen. Für den passenden musikalischen Rahmen sorgt ein täglich wechselndes Bühnenprogramm.

Weitere Informationen

Stadtverwaltung
Marktplatz 2, 76275 Ettlingen
Tel. 0 72 43/1 01-01
Fax 0 72 43/1 01-183
www.ettlingen.de

76131 Karlsruhe

Christkindlesmarkt

Die heimelige Lage des Karlsruher Christkindlesmarktes gibt den zahlreichen Besuchern aus nah und fern Anlaß, auf dem Markt zu verweilen und nicht nur hastig ein paar Einkäufe zu tätigen.

Wer sich wundert, warum die rund 140 Stände in Karlsruhe so besonders festlich geschmückt und hell erleuchtet sind, muß wissen: Eine unabhängige Jury ermittelt jedes Jahr die drei schönsten Stände auf dem Markt und prämiert diese.

Wann und Wo?

Das nächste Mal findet der Christkindlesmarkt in Karlsruhe vom 26. November bis 22. Dezember 2000 rund um die Pyramide auf dem Marktplatz zwischen Rathausgebäude und Stadtkirche statt.

Was ist geboten?

Zu erwerben ist hier viel Kunsthandwerk. Glasbläser bieten ihre Werke an und Kerzen werden direkt vor Ort geformt. Natürlich sind auch Imbiß- und Glühweinstände in ausreichender Zahl vorhanden. Kinder zeigen sich besonders von den weihnachtlich geschmückten Karussells begeistert. Auch der Nikolaus und das Weihnachtskasperle schauen regelmäßig auf dem Markt vorbei. Bläsergruppen, Gesangsvereine und Kinderchöre verbreiten auf musikalische Weise Festtagsstimmung.

Weitere Informationen

Stadt Karlsruhe
Marktamt
Weinweg 43
76137 Karlsruhe
Tel. 07 21/1 33-72 01
www.karlsruhe.de

76437 Rastatt

Weihnachts-markt

Was ist geboten?

Rund 55 Stände laden groß und klein zum Bummeln und Schlemmen ein. Wetten, daß auch Sie hier etwas Passendes finden?

Wann und Wo?

In Rastatt findet das nächste Mal vom 1. Dezember bis 17. Dezember 2000 auf dem Marktplatz zwischen Rathaus und St. Alexander-Kirche der Weihnachtsmarkt statt.

Weitere Informationen

Stadtinformation Rastatt
Schloß – Herrenstraße 18
76437 Rastatt
Tel. 0 72 22/9 97 24 62
Fax 0 72 22/97 21 18

76530 Baden-Baden

Weihnachtsmarkt

Seit mittlerweile 30 Jahren findet der Baden-Badener Weihnachtsmarkt statt. Zu seinem besonderen Flair tragen vor allem die malerische Umgebung und die liebevolle Gestaltung und Dekoration der Holzbuden bei.

Wann und Wo?

Zum nächsten Mal findet der Markt vom 1. Dezember bis 17. Dezember 2000 auf dem Marktplatz in Baden-Baden, bei der Stiftskirche und unterhalb des Neuen Schlosses statt.

Was ist geboten?

An rund 50 Ständen wird alles angeboten, was die Besucher in Weihnachtsstimmung versetzt. Dabei ist es dem Organisationskonzept zu verdanken, daß es kein Angebot zweimal gibt, so daß der Weihnachtsmarkt in Baden-Baden wirklich durch Vielfalt besticht. Darüber hinaus wartet die Stadt mit einem umfangreichen Rahmenangebot auf. Täglich geben diverse Musikkapellen ihre Künste zum Besten, Kinder können sich von einem Märchenerzähler verzaubern lassen.

Weitere Inforamtionen

pr bureau "G"
Hauptstraße 10
77836 Rheinmünster
Tel. 0 72 27/7 75
Fax 0 72 27/7 99
www.baden-baden.de

78048 Villingen-Schwenningen

Weihnachtsmarkt

Die beiden Stadtbezirke von Villingen-Schwenningen wechseln sich mit der Abhaltung des Weihnachtsmarktes ab.

Wann und Wo?

Dieses Jahr findet der Markt auf dem Muslenplatz in Schwenningen statt, und zwar vom 30. November bis 21. Dezember 2000. Im Jahr darauf ist dann Villingen an der Reihe, wo die historische Altstadt eine prächtige Kulisse für den Weihnachtsmarkt abgibt.

Was ist geboten?

Auf beiden Märkten sind etwa 45 Stände zu finden, an denen Sie nach Weihnachtsgeschenken suchen können oder sich an weihnachtlichen Leckereien laben können. Diverse Chöre und Bläsergruppen gestalten das musikalische Rahmenprogramm.

Weitere Informationen

Städtisches Liegenschaftsamt
Winkelstraße 9
78056 Villingen-Schwenningen
Tel. 0 77 20/82-0
www.villingen-schwenningen.de

79098 Freiburg im Breisgau

Weihnachtsmarkt

Zwischen den urigen Holzbuden im Schein der strahlenden Weihnachtsbeleuchtung kommt bei jung und alt Weihnachtsstimmung auf. In den kleinen Marktgäßchen läßt es sich herrlich bummeln – garantiert werden auch Sie hier das eine oder andere Geschenk finden.

Wann und Wo?

Der Freiburger Weihnachtsmarkt findet das nächste Mal vom 27. November bis 22. Dezember 2000 statt. Öffnungszeiten sind werktags von 10.00 bis 20.30 Uhr, samstags von 10.00 bis 19.30 Uhr und sonntags von 12.00 bis 19.30 Uhr. Veranstaltungsorte sind der Rathausplatz und die Franziskanerstraße, sonntags auch die Kaiser-Joseph-Straße.

Was ist geboten?

Werktags bieten 75 Stände ihre Waren an, am Sonntag kommen noch die 16 Stände auf der Kaiser-Joseph-Straße dazu. Hier wird bestimmt jeder fündig: Holzspielzeug, Marionetten, Keramik, Edelsteine, Schmuck, Christbaumkugeln, Teezubehör, Drechselarbeiten, Strohfinken und Kerzen sind nur einige der Produkte, die sie auf dem Weihnachtsmarkt erstehen können. Wenn Edelsteinschleifer, Holzschnitzer und Kerzenzieher ihre Künste vorführen, fühlt man sich schnell in alte Zeiten zurückversetzt. Auch für das leibliche Wohl ist bestens gesorgt. Neben Bratwürsten, Backwaren und dem obligatorischen Glühwein können sie sich auch eine Pizza schmecken lassen. Als Rahmenprogramm findet im Konzerthaus und im Freiburger Münster eine Reihe musikalischer Veranstaltungen statt, die Sie auch akustisch auf Weihnachten einstimmen.

Weitere Informationen

Tourist Information
Rotteckring 14, 79098 Freiburg
Tel. 07 61/38 81-880
Fax 07 61/3 70 03
www.freiburg.de

Weihnachtsmarkt

Durch seine ganz besondere Atmosphäre verzaubert der Weihnachtsmarkt in Neuenburg am Rhein seine Besucher: die märchenhaft Silhouettenbeleuchtung taucht ihn in feierliches Licht und bringt die Augen von jung und alt zum Glänzen.

Wann und Wo?

Das nächste Mal findet der Weihnachtsmarkt in Neuenburg vom 3. bis 17. Dezember 2000 statt. Veranstaltungsorte sind der Rathausplatz und die anliegenden Straßen.

Was ist geboten?

An den etwa 40 Ständen können allerlei weihnachtliche Produkte erworben werden. Wer auf der Suche nach einem ganz speziellen Weihnachtsgeschenk ist, sollte sein Glück bei der Raritäten-, Trödel- und Spielzeugbörse versuchen – hier muß hoffentlich kein Wunsch unerfüllt bleiben. Während ihre Eltern nach Schnäppchen suchen, können sich Kinder von der Puppenbühne unterhalten lassen oder auf dem Karussell ihre Runden drehen. Auch musikalisch ist eine Menge geboten: In der katholischen Kirche finden Konzerte statt, ein großes Weihnachtssingen auf den Markt bringt Feststimmung auf.

Weitere Informationen

Tourist-Information
Rathausplatz 5
79395 Neuenburg am Rhein
Tel. 0 76 31/7 91-111
Fax 0 76 31/7 91-222
www.neuenburg.de

Weitere Weihnachtsmärkte in diesem Postleitzahlenbereich

73101 Aichelberg:
Weihnachtsmarkt, 3. Dez. 2000

73773 Aichwald:
Weihnachtsmarkt, 10. Dez. 2000

72458 Albstadt:
Nikolausmarkt in Albstadt-Tailfingen, 10. Dez. 2000; Weihnachtsmarkt in Albstadt-Ebingen, 14. bis 17. Dez. 2000

76875 Annweiler:
Weihnachtsmarkt, 2. bis 3. Dez. 2000

71679 Asperg:
Weihnachtsmarkt, 16. bis 17. Dez. 2000

79424 Auggen:
Weihnachtsmarkt, 11. bis 12. Dez. 2000

76887 Bad Bergzabern:
Weihnachtsmarkt, 10. bis 12. Dez. 2000

73087 Bad Boll:
Weihnachtsmarkt, 2. Dez. 2000

73342 Bad Ditzenbach:
Weihnachtsmarkt, 2. Dez. 2000

76332 Bad Herrenalb:
Adventsmarkt, 9. bis 10. Dez. 2000

75385 Bad Teinach-Zavelstein:
Weihnachtsmarkt, 7. bis 10. Dez. 2000

73337 Bad Überkingen:
Weihnachtsmarkt, 10. Dez. 2000

72574 Bad Urach:
Weihnachtsflair, 1. bis 4. Dez. 2000

79410 Badenweiler:
Weihnachtsmarkt, 16. bis 17. Dez. 2000

72270 Baiersbronn:
Weihnachtsdorf, 15. bis 17. Dez. 2000

72336 Balingen:
Christkindlesmarkt, 2. bis 3. Dez. 2000

79872 Bernau im Schwarzwald:
Weihnachtsmarkt, 2. bis 3. Dez. 2000

74354 Besigheim:
Weihnachtsmarkt, 10. Dez. 2000

75271 Birkenfeld:
Weihnachtsmarkt, 2. bis 3. Dez. 2000

78176 Blumberg:
Weihnachtsmarkt, 2. bis 13. Dez. 2000

71032 Böblingen:
Weihnachtsmarkt, 1. bis 10. Dez. 2000

74357 Bönnigheim:
Weihnachtsmarkt, 3. Dez. 2000

79848 Bonndorf im Schwarzwald:
Weihnachtsmarkt, 2. bis 3. Dez. 2000

74336 Brackenheim:
Christkindlesmarkt, 9. bis 10. Dez. 2000

74542 Braunsbach:
Weihnachtsmarkt, 2. bis 3. Dez. 2000

79206 Breisach am Rhein:
Nikolausmarkt, 2. bis 3. Dez. 2000

76646 Bruchsal:
Weihnachtsmarkt, 27. Nov. bis 19. Dez. 2000

74722 Buchen/Odenwald:
Weihnachtsmarkt, 2. bis 3. Dez. 2000

79256 Buchenbach:
Weihnachtsmarkt, 25. bis 26. Nov. 2000

79426 Buggingen:
Grättimannmarkt, 9. Dez. 2000

71576 Burgstetten:
Weihnachtsmarkt, 3. Dez. 2000

72393 Burladingen:
Weihnachtsmarkt, 10. Dez. 2000

79875 Dachsberg:
Weihnachtsmarkt, 17. Dez. 2000

79211 Denzlingen:
Weihnachtsmarkt, 16. bis 17. Dez. 2000

71254 Ditzingen:
Weihnachtsmarkt, 10. Dez. 2000

75335 Dobel:
Weihnachtsmarkt, 1. bis 2. Dez. 2000

73072 Donzdorf:
Weihnachtsmarkt, 9. bis 10. Dez. 2000

72175 Dornhan:
Weihnachtsmarkt, 2. Dez. 2000

79285 Ebringen:
Weihnachtsmarkt, 17. Dez. 2000

79588 Efringen-Kirchen:
Weihnachtsmarkt, 2. Dez. 2000

73054 Eislingen/Fils:
Weihnachtsmarkt, 2. bis 3. Dez. 2000

73479 Ellwangen/Jagst:
Weihnachtsmarkt, 2. bis 3. Dez. 2000

79215 Elzach:
Weihnachtsmarkt, 3. Dez. 2000

79312 Emmendingen:
Weihnachtsmarkt,
26. Nov. bis 23. Dez. 2000

78234 Engen:
Weihnachtsmarkt, 2. bis 3. Dez. 2000

72800 Eningen unter Achalm:
Weihnachtsmarkt, 25. Nov. 2000

75337 Enzklösterle:
Weihnachtsmarkt, 16. bis 17. Dez. 2000

75031 Eppingen:
Weihnachtsmarkt, 2. Dez. 2000

73457 Essingen:
Weihnachtsmarkt, 2. bis 3. Dez. 2000

73728 Esslingen am Neckar:
Mittelalter- und Weihnachtsmarkt,
1. bis 21. Dez. 2000

70734 Fellbach:
Weihnachtsmarkt, 7. bis 19. Dez. 2000

70794 Filderstadt:
Nikolausmarkt, 8. bis 10. Dez. 2000

71691 Freiberg am Neckar:
Weihnachtsmarkt, 3. Dez. 2000

76596 Forbach:
Weihnachtsmarkt, 2. bis 3. Dez. 2000

72250 Freudenstadt:
Weihnachtsmarkt, 1. bis 12. Dez. 2000

78172 Furtwangen:
Barbaramarkt, 2. Dez. 2000

76571 Gaggenau-Bad Rotenfels:
Nikolausmarkt, 25. Nov. bis 2. Dez. 2000

73312 Geislingen an der Steige:
Weihnachtsmarkt, 14. bis 17. Dez. 2000

76726 Germersheim:
Weihnachtsmarkt, 1. bis 3. Dez. und 8. bis 10. Dez. 2000

76593 Gernsbach:
Weihnachtsmarkt, 8. bis 10. Dez. 2000

73033 Göppingen:
Weihnachtsmarkt am Schloß, 8. bis 17. Dez. 2000

71120 Grafenau:
Weihnachtsmarkt Grafenau-Dätzingen, 16. Dez. 2000

79865 Grafenhausen:
Weihnachtsmarkt, 17. Dez. 2000

74363 Güglingen:
Güglinger Weihnachtsbummel, 3. Dez. 2000; Weihnachtsmarkt, 19. Dez. 2000

79194 Gundelfingen:
Weihnachtsmarkt, 9. bis 10. Dez. 2000

72401 Haigerloch:
Christkindlesmarkt, 9. bis 10. Dez. 2000

74736 Hardheim:
Weihnachtsmarkt, 2. bis 3. Dez. 2000

77716 Haslach:
Weihnachtsmarkt, 2. Dez. 2000

76846 Hauenstein:
Weihnachtsmarkt, 9. bis 10. Dez. 2000

71083 Herrenberg:
Weihnachtsmarkt, 8. bis 10. Dez. 2000

72145 Hirrlingen:
Weihnachtsmarkt, 9. Dez. 2000

72160 Horb am Neckar:
Weihnachtsmarkt, 26. bis 27. Nov. 2000

78183 Hüfingen:
Kloosemärt, 5. Dez. 2000

79241 Ihringen:
Weihnachtsmarkt, 3. Dez. 2000

75428 Illingen:
Weihnachtsmarkt, 17. bis 18. Dez. 2000

74360 Ilsfeld:
Weihnachtsmarkt, 25. bis 26. Nov. 2000

78194 Immendingen:
Weihnachtsmarkt, 2. bis 3. Dez. 2000

74930 Ittlingen:
Weihnachtsmarkt, 3. Dez. 2000

76751 Jockgrim:
Weihnachtsmarkt, 9. bis 10. Dez. 2000

76870 Kandel:
Weihnachtsmarkt, 2. Dez., 9. Dez., 16. Dez. und 23. Dez. 2000

76307 Karlsbad:
Weihnachtsmarkt in Langensteinbach, 8. bis 10. Dez. 2000

77694 Kehl:
Weihnachtsmarkt, 3. bis 23. Dez. 2000

72138 Kirchentellinsfurt:
Weihnachtsmarkt, 2. Dez. 2000

70825 Korntal-Münchingen:
Weihnachtsmarkt, 3. Dez. und 10. Dez. 2000

70806 Kornwestheim:
Weihnachtsmarkt, 9. bis 10. Dez. 2000

76703 Kraichtal-Münzesheim:
Weihnachtsmarkt, 2. bis 3. Dez. 2000

76709 Kronau:
Weihnachtsmarkt, 2. bis 3. Dez. 2000

72127 Kusterdingen:
Weihnachtsmarkt, 3. Dez. 2000

76829 Landau in der Pfalz:
Weihnachtsmarkt, 30. Nov. bis 20. Dez. 2000

73466 Lauchheim:
Weihnachtsmarkt, 10. Dez. 2000

71229 Leonberg:
Nikolausmarkt, 2. bis 3. Dez. 2000

77839 Lichtenau:
Weihnachtsmarkt, 10. Dez. 2000

76597 Loffenau:
Weihnachtsmarkt, 2. Dez. 2000

79539 Lörrach:
Weihnachtsmarkt, 7. bis 17. Dez. 2000

77972 Mahlberg:
Weihnachtsmarkt, 11. Dez. 2000

71672 Marbach am Neckar:
Weihnachtsmarkt, 3. Dez. 2000

79232 March:
Weihnachtsmarkt, 2. bis 3. Dez. 2000

71706 Markgröningen:
Weihnachtsmarkt, 3. Dez. 2000

74909 Meckesheim:
Weihnachtsmarkt, 10. Dez. 2000

72555 Metzingen:
Weihnachtsmarkt, 9. Dez. 2000

74544 Michelbach an der Bilz:
Weihnachtsmarkt, 3. Dez. 2000

74545 Michelfeld:
Weihnachtsmarkt, 3. Dez. 2000

74219 Möckmühl:
Weihnachtsmarkt, 15. bis 17. Dez. 2000

72116 Mössingen:
Weihnachtsmarkt, 9. Dez. 2000

75417 Mühlacker:
Kunsthandwerkermarkt,
1. bis 3. Dez. 2000

72525 Münsingen:
Weihnachtsmarkt, 1. bis 3. Dez. 2000

71540 Murrhardt:
Weihnachtsmarkt, 3. Dez. 2000

72202 Nagold:
Weihnachtsmarkt, 7. bis 10. Dez. 2000

74924 Neckarbischofsheim:
Nikolausmarkt, 10. Dez. 2000

72666 Neckartailfingen:
Weihnachtsmarkt, 8. Dez. 2000

72654 Neckartenzlingen:
Weihnachtsmarkt, 3. Dez. 2000

74861 Neudenau:
Weihnachtsmarkt, 2. bis 3. Dez. 2000

75305 Neuenbürg:
Weihnachtsmarkt, 9. bis 10. Dez. 2000

74196 Neuenstadt am Kocher:
Weihnachtsmarkt, 2. bis 3. Dez. 2000

72639 Neuffen:
Weihnachtsmarkt, 17. Dez. 2000

72419 Neufra:
Weihnachtsmarkt, 2. bis 3. Dez. 2000

75389 Neuweiler:
Weihnachtsmarkt, 16. Dez. 2000

74676 Niedernhall:
Weihnachtsmarkt, 10. Dez. 2000

72622 Nürtingen:
Weihnachtsmarkt, 3. bis 24. Dez. 2000;
Adventsmarkt, 17. Dez. 2000

72644 Oberboihingen:
Weihnachtsmarkt, 1. bis 3. Dez. 2000

75038 Oberderdingen:
Weihnachtsmarkt, 10. Dez. 2000

75038 Oberderdingen-Flehingen:
Weihnachtsmarkt, 3. Dez. 2000

77784 Oberhamersbach:
Bäuerlicher Weihnachtsmarkt,
3. Dez. 2000

77704 Oberkirch:
Weihnachtsmarkt, 15. bis 17. Dez. 2000

71720 Oberstenfeld:
Weihnachtsmarkt, 9. Dez. 2000

76877 Offenbach an der Queich:
Weihnachtsmarkt, 8. bis 10. Dez. 2000

77652 Offenburg:
Weihnachtsmarkt,
30. Nov. bis 31. Dez. 2000

74613 Öhringen:
Märchenhaftes Öhringen,
3. bis 19. Dez. 2000

77728 Oppenau:
Nikolausmarkt, 26. Nov. 2000

73760 Ostfildern-Nellingen:
Christkindlesmarkt, 9. Dez. 2000

73760 Ostfildern-Ruit:
Weihnachtsmarkt, 2. Dez. 2000

73760 Ostfildern-Scharnhausen:
Weihnachtsmarkt, 16. Dez. 2000

76684 Östringen:
Weihnachtsmarkt auf dem Kirchberg,
2. bis 3. Dez. und 9. bis 10. Dez. 2000

72285 Pfalzgrafenweiler:
Weihnachtsmarkt, 2 Dez. 2000

76237 Pfinztal:
Weihnachtsmarkt, 2. bis 3. Dez. 2000

75172 Pforzheim:
Weihnachtsmarkt,
30. Nov. bis 22. Dez. 2000

76661 Philippsburg:
Adventsmarkt, 2. bis 3. Dez. 2000

78315 Radolfzell am Bodensee:
Christkindle-Markt, 7. bis 10. Dez. 2000

73098 Rechberghausen:
Weihnachtsmarkt, 25. bis 26. Dez. 2000

74934 Reichartshausen:
Weihnachtsmarkt, 10. Dez. 2000

72762 Reutlingen:
Weihnachtsmarkt, 1. bis 21. Dez. 2000

76764 Rheinzabern:
Weihnachtsmarkt, 1. bis 3. Dez. 2000

72348 Rosenfeld:
Weihnachtsmarkt, 3. Dez. 2000

71277 Rutesheim:
Adventsmarkt, 3. Dez. 2000

74343 Sachsenheim:
Weihnachtsmarkt, 10. Dez. 2000

79227 Schallstadt:
Weihnachtsmarkt in Wolfenweiler,
9. bis 10. Dez. 2000

77761 Schiltach:
Weihnachtsmarkt, 7. bis 8. Dez. 2000

72667 Schlaitdorf:
Weihnachtsmarkt, 2. bis 3. Dez. 2000

79418 Schliengen:
Weihnachtsmarkt, 10. Dez. 2000

78136 Schonach im Schwarzwald:
Weihnachtsmarkt, 1. bis 3. Dez. 2000

71101 Schönaich:
Weihnachtsmarkt, 16. bis 17. Dez. 2000

79677 Schönau im Schwarzwald:
Weihnachtsmarkt, 9. Dez. 2000

73614 Schorndorf:
Adventsmarkt, 2. bis 17. Dez. 2000

73525 Schwäbisch Gmünd:
Weihnachtsmarkt, 1. bis 17. Dez. 2000

78606 Seitingen-Oberflacht:
Weihnachtsmarkt, 8. Dez. 2000

71063 Sindelfingen:
Weihnachtsmarkt, 16. bis 17. Dez. 2000

74889 Sinsheim (Elsenz):
Weihnachtsmarkt, 3. Dez. 2000

74937 Spechbach:
Weihnachtsmarkt, 2. bis 3. Dez. 2000

76848 Spirkelbach:
Weihnachtsmarkt, 3. Dez. 2000

73565 Spraitbach:
Weihnachtsmarkt, 10. Dez. 2000

79219 Staufen:
Altstaufener Weihnachtsmarkt,
9. Dez. 2000

71711 Steinheim an der Murr:
Weihnachtsmarkt, 2. bis 3. Dez. 2000

75447 Sternenfels:
Weihnachtsmarkt, 2. bis 3. Dez. 2000

72172 Sulz am Neckar:
Weihnachtsmarkt, 14. Dez. 2000

79295 Sulzburg:
Weihnachtsmarkt, 10. Dez. 2000

75056 Sulzfeld:
Christkindlesmarkt, 6. Dez. 2000;
Weihnachtsbasar, 10. Dez. 2000

79331 Teningen:
Weihnachtsmarkt, 16. bis 17. Dez. 2000

79822 Titisee-Neustadt:
Weihnachtsmarkt, 9. bis 10. Dez. 2000

79682 Todtmoos:
Weihnachtsmarkt, 10. Dez. 2000

72818 Trochtelfingen:
Weihnachtsmarkt, 9. bis 10. Dez. 2000

78532 Tuttlingen:
Weihnachtsmarkt, 14. bis 24. Dez. 2000

79777 Ühlingen-Birkendorf:
Weihnachtsmarkt, 9. Dez. 2000

74257 Untereisesheim:
Adventsmarkt, 10. Dez. 2000

73660 Urbach:
Weihnachtsmarkt, 10. Dez. 2000

71665 Vaihingen an der Enz:
Weihnachtsmarkt, 25. Nov. 2000

76889 Vorderweidenthal:
Weihnachtsmarkt, 3. Dez. 2000

71332 Waiblingen:
Weihnachtsmarkt, 2. bis 17. Dez. 2000

72178 Waldachtal:
Nikolausmarkt, 2. bis 3. Dez. 2000

76337 Waldbronn:
Nikolausmarkt, 2. Dez. 2000

74638 Waldenburg:
Weihnachtsmarkt, 16. bis 17. Dez. 2000

74731 Walldürn:
Weihnachtsmarkt, 1. bis 3. Dez. 2000

79576 Weil am Rhein:
Weihnachtsmarkt, 1. bis 3. Dez. 2000

71263 Weil der Stadt:
Weihnachtsmarkt, 2. Dez. 2000

73235 Weilheim an der Teck:
Adventsmarkt, 3. Dez. 2000

74189 Weinsberg:
Weihnachtsmarkt, 2. bis 3. Dez. 2000

79367 Weisweil:
Weihnachtsmarkt, 9. bis 10. Dez. 2000

73240 Wendlingen am Neckar:
Weihnachtsmarkt, 6. bis 10. Dez. 2000

73249 Wernau/Neckar:
Weihnachtsmarkt,
30. Nov. bis 3. Dez. 2000

72589 Westerheim:
Weihnachtsmarkt, 9. bis 10. Dez. 2000

71364 Winnenden:
Weihnachtsmarkt, 1. bis 3. Dez. 2000

73650 Winterbach:
Weihnachtsmarkt, 3. Dez. 2000

77709 Wolfach:
Kuchenmarkt, 21. Dez. 2000

77736 Zell am Harmersbach:
Nikolausmarkt, 2. Dez. 2000

73119 Zell unter Aichelberg:
Weihnachtsmarkt, 17. Dez. 2000

Postleitzahlenbereich 8

Christkindlmarkt auf dem Marienplatz

Strahlender Mittelpunkt des Münchner Christkindlmarkts ist der mächtige Christbaum auf dem Marienplatz. Mit über 3000 Kerzen ist er geschmückt, jedes Jahr wird er von einer anderen mit München befreundeten Gemeinde gestiftet. Bereits im Jahre 1310 ist das erste Mal von einem »Nikolausmarkt« in der bayerischen Landeshauptstadt die Rede, gesicherte Angaben über das Warenangebot gibt es jedoch erst seit dem 19. Jahrhundert. So wurden hier 1805 u.a. Kinderkleidung und Krippenfiguren verkauft. Den protestantischen Gebieten Bayerns ist zu verdanken, daß ab diesem Zeitraum nicht mehr der Nikolaus, sondern das Christkind die Geschenke brachte – der Nikolausmarkt wurde in Christkindlmarkt umbenannt.

Wann und Wo?

Seit 1972 ist der Münchner Christkindlmarkt auf dem Marienplatz vor dem Rathaus beheimatet. Das nächste Mal findet er dort vom 2. Dezember bis 24. Dezember 2000 statt.

Was ist geboten?

Nicht entgehen lassen sollten sich Marktbummler die Krippe auf dem Marienhof mit ihren fast mannshohen Figuren. Auch die altbairische Krippe im Prunkhof des Rathauses ist einen Besuch wert. Der Christkindlmarkt selbst lockt mit verführerischen Düften: Zimt, Ingwer, Glühwein und Lebkuchen lassen einem das Wasser im Munde zusammenlaufen. Neben Christbaumschmuck und Krippenfiguren läßt sich hier mit Sicherheit auch noch das eine oder andere Weihnachtsgeschenk für einen lieben Freund oder Verwandten auftreiben. Jeden Tag um 17.30 Uhr erklingen weihnachtliche Weisen vom Balkon des Rathauses. Briefe,

die im Sonderbriefkasten des Rathauses eingeworfen werden, erhalten den Stempel »Münchner Christkindlmarkt«.
Doch nicht nur auf dem Christkindlmarkt selbst ist für Weihnachtsstimmung gesorgt: So ist das Angebot an Kirchenmusik und Konzerten um die Weihnachtszeit besonders reichhaltig. Auch zahlreiche Sonderausstellungen, wie z.B. die Krippensammlung im Bayerischen Nationalmuseum, locken die Besucher an.

Weitere Informationen
Fremdenverkehrsamt München
Sendlinger Str. 1, 80331 München
Tel. 0 89/23 33 02 11
Fax 0 89/23 33 02 69
www.muenchen.de

80802 München-Schwabing

Schwabinger Weihnachtsmarkt

Weihnachten in München – das spielt sich nicht nur auf dem Marienplatz ab. Seit 1976 gibt es im Stadtteil Schwabing einen zunehmend beliebter werdenden Weihnachtsmarkt. Er war von Beginn an als Künstlermarkt konzipiert und bietet dadurch ein angenehmes Gegengewicht zum Markttreiben auf dem Marienplatz. Dabei wird großer Wert auf das Niveau der künstlerischen Arbeiten gelegt; eine Jury ist für die Auswahl von Ausstellern zuständig, so daß nicht nur die Qualität der Arbeiten gewährleistest ist, sondern auch sichergestellt wird, daß die Arbeiten tatsächlich von den Künstlern stammen.

Wann und Wo?
Der Schwabinger Weihnachtsmarkt findet an der Münchner Freiheit statt, das nächste Mal vom 2. Dezember bis 24. Dezember 2000.

Was ist geboten?

Zu finden sind dort allerlei kunsthandwerkliche Produkte, die nicht nur zu Weihnachten aktuell sind. Dazu zählen Seidenmalerei, Schmuck, Keramik, Glas, Uhren, Plastiken und vieles mehr. Auch für das leibliche Wohl ist an einer Vielzahl von Ständen bestens gesorgt. Fester Bestandteil des Weihnachtsmarktes ist das Kulturzelt, in dem Kunstobjekte ausgestellt sind. Ein umfangreiches Rahmenprogramm mit Musik und Theater rundet die Veranstaltung ab. Auch kleine Marktbesucher kommen voll auf ihre Kosten: Sie können u.a. in der Weihnachtsbäckerei selbst allerlei Köstlichkeiten herstellen oder sich im Kindertheater unterhalten lassen. Ganz klar, daß am 6. Dezember der Nikolaus mit allerlei Geschenken vorbeischaut und die braven Kinder belohnt.

Weitere Informationen

Fremdenverkehrsamt München
Sendlinger Str. 1, 80331 München
Tel. 0 89/23 33 02 11
Fax 0 89/23 33 02 69
www.muenchen.de

82346 Andechs

Andechser Christkindlmarkt

Zur Vorweihnachtszeit stellt sich eine ganz besondere Atmosphäre auf dem Heiligen Berg ein: Der Trubel der Sommerausflügler ist vorüber, die stille Zeit kehrt ein. Doch wo im Sommer Doppelbock und Bräustüberl verführen, vermag das Benediktinerkloster Andechs auch im Winter die Gäste an den Ammersee zu locken. Vor allem durch seine Lage mit dem Kloster im Hintergrund besticht der Andechser Christkindlmarkt.

Wann und Wo?

Er findet jedes Jahr am zweiten Adventswochenende jeweils von Freitag bis Sonntag statt, das nächste Mal vom 8. Dezember bis 10. Dezember 2000. Geöffnet ist von 12.00 bis 20.00 Uhr, Veranstaltungsort ist der Vorhof des Klosters Andechs.

Was ist geboten?

Mit den etwa 20 Ständen ist hier ein kleines, aber feines Angebot an weihnachtlichen Waren und kulinarischen Köstlichkeiten geboten, ausschließlich heimische Produkte. Ein besonderer Höhepunkt ist die »lebende Krippe« mit Ochs, Esel und Schafen und natürlich

Darstellern in einer alten Scheune. Auch der Nikolaus gibt sich die Ehre und verteilt Geschenke an die Kinder. Darüber hinaus wird der Christkindlmarkt von wechselnden Ausstellungen des Klosters begleitet und verschiedene Andechser Musikgruppen geben ihre Künste zum Besten.

Weitere Informationen
Kloster Andechs
82346 Andechs
Tel. 0 81 52/37 60
Fax 0 81 52/3 76-260
www.andechs.de

83022 Rosenheim

Christkindl-markt

Wann und Wo?

Die oberbayerische Stadt Rosenheim ist immer einen Besuch wert, ganz besonders zur Weihnachtszeit. Der Christkindlmarkt findet jedes Jahr vom Freitag vor dem ersten Advent bis zum Heiligen Abend statt, die nächsten Termine sind vom 25. November bis 24. Dezember 2000. Veranstaltungsort ist der Max-Josefs-Platz in der Rosenheimer Fußgängerzone.

Was ist geboten?

Etwa 40 Stände und Buden laden mit Christbaumschmuck, originellen Geschenkideen und Leckereien zum Bummeln und Flanieren ein. Für Kinder gibt es zwei besondere Höhepunkte im Programm des Christkindlmarktes: Zum einen können Kinder zwischen vier und zwölf Jahren an einem Weihnachtsspreisrätsel teilnehmen, zum anderen schaut auch der Nikolaus vorbei und verteilt Süßigkeiten, die von den Standbesitzern spendiert wurden. Außerdem gibt es ein kulturelles Begleitprogramm: Dienstags, freitags und samstags finden dann von 16.30 bis 17.00 Uhr, sonntags von 14.30 bis 15.00 Uhr Aufführungen von Musik- und Gesangsgruppen statt.

Weitere Informationen
Stadt Rosenheim
Postfach 12 09, 83013 Rosenheim
Tel. 0 80 31/36-0
Fax 0 80 31/36-2000

Christkindl-markt

Wann und Wo?

Zum 26. Mal wird dieses Jahr der Traunsteiner Christkindlmarkt abgehalten, der jedes Mal zahlreiche Besucher aus nah und fern in die oberbayerische Stadt zieht. Er findet vom 1. Dezember bis 24. Dezember 2000 auf dem Stadtplatz neben der Kirche statt.

Was ist geboten?

Mehr als 20 Stände locken mit weihnachtlichen Düften und Geschenkideen. Reichhaltig ist auch das Rahmenprogramm: Bläsergruppen und diverse Musikkapellen tragen ihre Künste vor und auch für kleine Marktbesucher ist jede Menge geboten. Neben einem Nikolaus, der Süßigkeiten an alle artigen Kinder verteilt, trägt ein Kasperltheater zur Unterhaltung bei. Auch eine Krippenausstellung ist fester Bestandteil des Weihnachtsmarktes.

Weitere Informationen

Stadt Traunstein
Stadtplatz 39, 83278 Traunstein
Tel. 08 61/65-1
Fax 08 61/65-294
www.traunstein.de

83471 Berchtesgaden

Christkindl-markt

Wann und Wo?
Auf dem historischen Schloßplatz im Zentrum Berchtesgadens ist der Berchtesgadener Christkindlmarkt zu finden, der das nächste Mal an folgenden Tagen stattfindet: 2. und 3. Dezember, 5. und 6. Dezember, 8. bis 10. Dezember, 15. bis 17. Dezember und 20. bis 24. Dezember 2000.

Was ist geboten?

Klein, aber fein ist das Angebot des Marktes: In zehn bis 15 liebevoll geschmückten Holzbuden wird hauptsächlich Weihnachtsware und Handwerk aus dem Berchtesgadener Land verkauft: Darunter finden sich bunt bemalte Spanschachteln, Schnitzereien, Kerzenständer und Holzspielzeug ebenso wie Hausschuhe aus Lammfell und allerlei Leckereien. Auf keinen Fall entgehen lassen sollte man sich auch die lebendige Krippe. Hier singen und spielen Kinder aus Berchtesgaden und Umgebung die Ankunft des Jesuskindes in einem Krippenspiel nach. Abgerundet wird das vorweihnachtliche Programm durch zahlreiche Veranstaltungen wie Turmblasen, Adventssingen, Konzerte und einen Nikolausumzug.

Weitere Informationen
Kurdirektion
des Berchtesgadener Landes
Königsseer Straße 2
83471 Berchtesgaden
Tel. 0 86 52/9 67-201
www.berchtesgadener-land.com

83671 Benediktbeuern

Altbayerischer Christkindlmarkt

Als echter Geheimtip gilt der Altbayerische Christkindlmarkt in Benediktbeuern im oberbayerischen Alpenvorland.

Wann und Wo?
Er findet jedes Jahr am zweiten Adventssonntag, das nächste Mal am 10. Dezember 2000 auf dem Dorfplatz und der Dorfstraße statt.

Was ist geboten?
An etwa 50 Ständen werden Produkte einheimischer Handwerker, Künstler und karitativer Verbände zum Verkauf angeboten. Ein umfangreiches Rahmenprogramm sorgt für Kurzweil. Neben einem Nikolaus und Bläsergruppen erwartet den Besucher auch eine lebende Krippe sowie eine Krippenausstellung. Nicht entgehen lassen sollte man sich das Adventssingen in der Marienkirche am Dorfplatz. Der Eintritt kostet 10,00 DM; Karten können im Vorverkauf beim Verkehrsamt Benediktbeuern erworben werden.

Weitere Informationen
Verkehrsamt
Prälatenstraße 3
83671 Benediktbeuern
Tel. 0 88 57/2 48
Fax 0 88 57/94 70

»Der Seegeist taucht auf« mit Weihnachtsmarkt

Aus den eiskalten Fluten des Tegernsees steigt jedes Jahr zur Vorweihnachtszeit der Seegeist empor und hält viele Überraschungen bereit. Dies geschieht allerdings erst nach Einbruch der Dunkelheit, die Wartezeit verkürzt der Weihnachtsmarkt von Bad Wiessee.

Wann und Wo?

Das Spektakel findet das nächste Mal am 3. Dezember 2000 ab 13.00 Uhr statt. Veranstaltungsort ist die Seepromenade von Bad Wiessee.

Was ist geboten?

Auf dem Weihnachtsmarkt können sich Besucher an etwa 20 Ständen an verschiedenen Schmankerln laben und das eine oder andere vorweihnachtliche Schnäppchen machen. Auch der Nikolaus gibt sich die Ehre und beschenkt die Kinder. Für Romantiker steht etwas Besonderes auf dem Programm: Sie können mit dem Pferdeschlitten eine Fahrt durch die verschneite Winterlandschaft machen. Auch sonst ist zur Adventszeit in Bad Wiessee einiges geboten: Am 5. Dezember 1999 findet im Gasthof »Zur Post« ein »Bayerischer Advent« mit vorweihnachtlichem Singen und Musizieren statt. Karten gibt es im Vorverkauf beim Kuramt und im Gasthof »Zur Post«.

Weitere Informationen

Kuramt Bad Wiessee
Adrian-Stoop-Straße 20
83707 Bad Wiessee
Tel. 0 80 22/8 60 30
Fax 0 80 22/86 03 30
www.bad-wiessee.de

86150 Augsburg

Christkindlesmarkt

Einen der ältesten Weihnachtsmärkte Deutschlands hat die Fuggerstadt Augsburg zu bieten: 1998 fand er bereits zum 500. Mal statt. In einem Ratsprotokoll vom 22. Dezember 1498 ist die Rede von einem Lebkuchenmarkt »zu weyhennacht zeiten uff dem Berlach oder vor unsere lieben frawen kirchen«. Nach zahlreichen Ortswechseln ist der Markt seit 1963 fest auf dem Rathausplatz beheimatet. Heute zieht es jedes Jahr zur Vorweihnachtszeit rund 1,2 Millionen Besucher nach Augsburg, die in die weihnachtliche Atmosphäre der Stadt am Lech eintauchen wollen.

Wann und Wo?

Der Christkindlesmarkt findet das nächste Mal vom 1. Dezember bis 24. Dezember 2000 auf dem Rathausplatz statt.

Was ist geboten?

Vor der imposanten Kulisse des von Elias Holl erbauten Renaissance-Rathauses bieten rund 140 Fieranten ihre Produkte feil. Dabei achtet das Marktamt der Stadt penibel darauf, daß nur 20 Prozent der Stände Essen und Trinken anbieten, denn klassische Weihnachtsartikel sollen im Vordergrund stehen. Auch hochwertige Holzkunst und Keramik ist hier zu erwerben. Für Kinder gibt es ein ganz besonderes Programm: Sie können in einem Zelt auf dem Elias-Holl-Platz selbst

Plätzchen und Lebkuchen backen oder ein Kutschfahrt durch die Fußgängerzone unternehmen. Aus dem Knusperhäuschen verteilt eine Hexe Süßigkeiten. Wer seiner Weihnachtspost eine besondere Note verleihen will, kann diese am Christkindles-Postamt aufgeben. Dann erhält sie den begehrten Sonderstempel. Unumstrittener Höhepunkt des Augsburger Christkindlesmarktes ist mit Sicherheit das Engelesspiel, das am Eröffnungsabend sowie an den Adventssamstagen und -sonntagen jeweils um 18.00 Uhr stattfindet. 23 Himmelsboten musizieren dann auf dem Balkon des Rathauses. Ebenfalls zur Vorweihnachtszeit ist im Botanischen Garten der Stadt eine Krippenausstellung zu sehen. Neben dem Christkindlesmarkt auf dem Rathausplatz gibt es noch zwei weitere Weihnachtsmärkte in Augsburg, die zur selben Zeit stattfinden. Auf dem Moritzplatz bieten gemeinnützige Vereine selbst hergestellte Produkte zum Verkauf an, die Weihnachtsinsel im Zeughaushof ist ein Künstler-Weihnachtsmarkt. Hier werden handwerkliche Produkte zum Verkauf angeboten, außerdem geben Musiker, Puppenspieler und Märchenerzähler ihre Künste zum Besten.

Weitere Informationen
Stadtverwaltung Augsburg
Maximilianstraße 4
86150 Augsburg
Tel. 08 21/3 24-0
www.regio-augsburg.de

86316 Friedberg

Friedberger Advent

Jedes Jahr zur Vorweihnachtszeit erstrahlt die »Altbairische Herzogstadt am Lechrain« in besonderem Glanz: der »Friedberger Advent« beherrscht die Atmosphäre in der liebenswerten Kleinstadt an der Romantischen Straße. Seine Entstehung verdankt der Markt der fünfköpfigen Privatinitiative »Bürger für Friedberg«, deren Ziel es ist, ihre Heimatstadt »liebens- und lebenswerter« zu machen. Schon nach kurzer Zeit ist der Weihnachtsmarkt nicht mehr aus der Stadt wegzudenken. Dazu trägt zum einen das hochwertige Warenangebot, zum anderen aber auch das Rahmenprogramm und die gemütliche Atmosphäre rund um die Stadtpfarrkirche bei.

Wann und Wo?
Das nächste Mal findet der »Friedberger Advent« vom 6. Dezember bis 23. Dezember 2000 rund um die Stadtpfarrkirche St. Jakob statt.

Was ist geboten?

Eröffnet wird der Markt mit Gesang und einem Nikolaustreffen. An rund 50 Ständen bieten ausgesuchte Fieranten ihre Waren und Produkte an. Dazu zählen unter anderem: handbemalte Christbaumkugeln, Seidenmalerei, Keramik, Schnitzarbeiten, Marionetten, Gestecke, viele verschiedene Teesorten, Öle, handgearbeiteter Weihnachtsschmuck, Seifen, Backäpfel und vieles mehr. Zu den Stammgästen auf dem Markt zählt ein Glasbläser, der täglich seine Kunst vorführt. Eine beliebte Attraktion für groß und klein ist die lebende Krippe, die von einer Schäferei und einigen Bauern aus dem Wittelsbacher Land dargestellt wird. Kinder kommen unter anderem bei adventlichen Lesenachmittagen, Kindertheater, einem Lampionumzug und einem weihnachtlichen Bastelnachmittag auf ihre Kosten. Außerdem geben zahlreiche Gesangs- und Musikgruppen ihre Künste zum Besten. Großer Beliebtheit bei Besuchern aus nah und fern erfreuen sich die adventlichen Stadtführungen bei Fackelschein. Sie beginnen jeweils am Samstagabend um 19.30 Uhr am Marienbrunnen beim Rathaus. Schon so mancher Friedberger hat hier seine Heimatstadt von einer ganz neuen Seite entdeckt.

Weitere Informationen
Bürger für Friedberg
Mergenthauer Weg 17
86316 Friedberg
Tel. 08 21/60 92 99
Fax 08 21/60 92 42
www.stadt-friedberg.de

86444 Affing

Weihnachtsmarkt

Nicht ganz 5000 Einwohner zählt der kleine Ort Affing in der Nähe von Augsburg, doch findet hier ein Weihnachtsmarkt statt, denn man mit gutem Gewissen als echten Geheimtip bezeichnen kann. 10.000 Besucher fanden 1999 ihren Weg dorthin. Dabei hat sich der Markt ganz wohltätigen Zwecken verschrieben. 12.000 DM konnten im letzten Jahr gemeinnützigen Organisationen überreicht werden.

Wann und Wo?

Das nächste Mal findet der Weihnachtsmarkt am 2. und 3. Dezember sowie am 9. und 10. Dezember 2000 im Schloßhof Affing statt. Geöffnet ist dann jeweils von 14.00 bis 20.00 Uhr. Nach Affing gelangt man über die Autobahn A 8, Abfahrt Augsburg-Ost. Von dort aus geht es weiter in Richtung Neuburg/Donau, ab Mühlhausen ist Affing ausgeschildert.

Was ist geboten?

Auf dem Affinger Weihnachtsmarkt bieten ausschließlich Vereine und Privatpersonen weihnachtliche Waren an, professionelle Händler sind nicht zugelassen. Zu finden sind hier unter anderem Krippenfiguren, Bastelarbeiten, Holzspielzeug, Puppen, Kerzen, Keramik, Gewürze und Leckereien wie Schupfnudeln, Apfelküchel und natürlich der allseits beliebte Glühwein. Der Markt hat sich zum Ziel gesetzt, die »gute alte Zeit« wieder aufleben zu lassen: Historische Handwerker wie Glasbläser und Kerzenzieher führen ihre Künste vor und im Schloßhof klingt Musik von Zither, Harfe und Hackbrett. Ebenfalls auf dem Programm stehen ein Krippenspiel, Vorträge von Affinger Schülern und musikalische Darbietungen. Kinder können sich im Kasperltheater unterhalten lassen oder in einer Bastelstunde selbst Weihnachtsgeschenke anfertigen. Ein besonderes Souvenir ist der Affinger Weihnachtstaler, den man sich auf dem Markt prägen lassen kann.

Weitere Informationen

Weihnachtsmarkt im Schloßhof Affing e.V.
Tannenweg 7, 86573 Obergriesbach
Tel. 0 82 51/71 15
Fax 0 82 51/87 21 01
www.aic-online.de/weihnachtsmarkt.affing/

86623 Neuburg

Christkindl-markt

Auf dem Neuburger Karlsplatz, einem der schönsten Plätze Deutschlands, herrscht an zwei Wochenenden im Dezember adventliches Treiben. Die historische Altstadt erstrahlt in weihnachtlichem Glanz und betörende Düfte schweben über den Platz.

Wann und Wo?

Vom 8. Dezember bis 17. Dezember 2000 findet hier der Neuburger Christkindlmarkt statt.

Was ist geboten?

Mit feierlichem Trompetenblasen wird der Markt eröffnet, an 23 Ständen werden allerlei weihnachtliche Produkte und Leckereien feilgeboten. So verkaufen Kunsthandwerker unter anderem Keramik, Schmuck, Glaskunst, Lederwaren, Holzspielzeug und Krippen. Auch für das leibliche Wohl ist bestens gesorgt: Ein Lebkuchenbäcker stellt direkt vor Ort im Holzbackofen Lebkuchen her; Bratwürste, heiße Maroni und Glühwein dürfen ebenfalls nicht fehlen. Am ersten Wochenende gibt sich der Nikolaus die Ehre und marschiert mit den Kindern in einem Lampionumzug zur Markthalle. Ein umfangreiches Rahmenprogramm mit Konzerten, Adventssingen und Marionettentheater rundet die Veranstaltung ab.

Weitere Informationen

Verkehrsverein »Freunde der Stadt Neuburg«
Postfach 1863, 86633 Neuburg

86720 Nördlingen

Romantischer Weihnachts-markt

Als einer der schönsten Weihnachtsmärkte in Schwaben gilt der romantische Weihnachtsmarkt in Nördlingen. Ein Bummel durch die hell erleuchteten und festlich geschmückten Straßen der historischen Altstadt dürfte wohl bei jedem Weihnachtsstimmung aufkommen lassen.

Wann und Wo?

Der romantische Weihnachtsmarkt findet das nächste Mal vom 1. Dezember bis 23. Dezember 2000 statt. Veranstaltungsort ist die Fußgängerzone in der historischen Altstadt.

Was ist geboten?

An etwa 55 Buden werden weihnachtliche Artikel überwiegend aus der Region angeboten. Die Größe des Marktes wird von den Nördlingern als genau richtig empfunden, denn so kann man noch gemütlich bummeln, ohne daß der Markt unüberschaubar und das Gedränge gar zu groß wird. Großer Beliebtheit erfreut sich der Stand der Nördlinger Kunsthandwerker und Künstler, an dem sie ihre Produkte verkaufen. Dazu zählt jedes Jahr ein Falt- und Bastelmodell eines historischen Gebäudes der Stadt. Für Kinder steht ein nostalgisches Kinderkarussell bereit; der Nikolaus gibt sich die Ehre und verteilt Geschenke. Außerdem sorgt ein täglich wechselndes musikalisches Programm für akustisches Vergnügen. Nicht versäumen sollten man auch die lebende Krippe mit echten Tieren.

Weitere Informationen

Stadt Nördlingen
Marktplatz 1, 86720 Nördlingen
Tel. 0 90 81/84-0
Fax 0 90 81/84-113
www.noerdlingen.de

87435 Kempten

Weihnachtsmarkt

Wenn sich das Jahr dem Ende zuneigt und die stille Zeit beginnt, lockt der festlich geschmückte Rathausplatz nicht nur die Kemptener Bürger, sondern auch zahlreiche Besucher aus nah und fern zum Weihnachtsmarkt in die Allgäuer Stadt.

Wann und Wo?

Das nächste Mal findet der Weihnachtsmarkt auf dem Rathausplatz vom 1. Dezember bis 20. Dezember 2000, täglich von 12.00 bis 20.00 Uhr statt.

Was ist geboten?

Damit Marktbesucher nicht mit dem Auto in die Kemptener Altstadt fahren müssen und so Nerven und Geldbeutel schonen, bringt sie das Weihnachtsmarkt-Bähnle gegen eine Gebühr von 2,00 DM (Erwachsene) bzw. 1,00 DM (Kinder) von einer Reihe von Haltestellen im Stadtgebiet direkt in den Mittelpunkt des Geschehens. Dort erwarten sie dann 70 Stände mit Glühwein, heißen Maroni und anderen weihnachtlichen Leckereien, Christbaumschmuck und vielen netten Geschenkideen für groß und klein. Auch für kleine Marktbesucher ist jede Menge geboten: So schaut täglich der Nikolaus auf dem Rathausplatz vorbei und verteilt Geschenke an alle artigen Kinder. Ein Kinderkarussell ist ebenfalls vorhanden. Jeweils am 5. Dez. findet der traditionelle Nikolaus-Umritt statt. Dann reitet der Stadt-Nikolaus mit seinem Gefolge durch die weihnachtlich geschmückte Kemptener Innenstadt. Darüber hinaus wartet die Stadt mit einem umfangreichen Rahmenprogramm auf: Täglich wechselnde musikalische Darbietungen und Stadtführungen gehören ebenso dazu wie Sonderausstellungen im Rathausvoyer (1998 war dies eine Krippenausstellung). Auch außerhalb des Weihnachtsmarktes ist einiges geboten. Unter anderem finden in diversen Kirchen Adventskonzerte statt.

Weitere Informationen

Verkehrsverein Kempten
Rathausplatz 24,
87435 Kempten/Allgäu
Tel. 08 31/25 25-482
www.kempten.de

88045 Friedrichshafen

Christkindlesmarkt

Seit 1978 gibt es den Christkindlesmarkt in Friedrichshafen; in den 22 Jahren seines Bestehens hat er sich zum größten Markt am Bodensee gemausert und zieht jedes Jahr rund 150 000 Besucher in die Stadt.

Wann und Wo?

Eröffnet wird der Markt immer am Freitagabend vor dem ersten Advent, das nächste Mal findet er vom 24. November bis 10. Dezember 2000 statt. Werktags können Besucher hier von 14.00 bis 20.00 Uhr, am Wochenende schon von 11.00 bis 20.00 Uhr bummeln und nach Weihnachtsgeschenken Ausschau halten. Veranstaltungsort ist der Marktplatz in der Häfler Altstadt, direkt vor dem Rathaus und der Kirche mit dem passenden Namen St. Nikolaus sowie in der angrenzenden Fußgängerzone.

Was ist geboten?

An 95 Ständen bieten karitative Organisationen und Verbände, aber auch ausgesuchte Händler ihre Produkte an. Dazu zählen natürlich vor allem weihnachtliche Waren wie Krippenfiguren, Kerzen, Christbaumschmuck und Keramik, doch läßt sich hier mit Sicherheit auch das eine oder andere moderne kleine Geschenk auftreiben. Für das leibliche Wohl ist mit Glühwein, Waffeln, Bartwürsten, gebrannten Mandeln und vielen anderen Leckereien bestens gesorgt. Außerdem gehört eine große Krippe mit lebenden Tieren zum Markt. Natürlich ist auch für Kinder jede Menge geboten. So stehen unter anderem weihnachtliche Erzählstunden und Puppentheater auf dem Programm. Täglich wechselnde Musikgruppen unterhalten mit ihren Künsten. Besonders beliebt ist auch die »Häfler Tasse«, die auf dem Markt erworben werden kann. Auf der Weihnachtsmarkttasse ist der Markt mit dem Zeppelinmuseum und dem Zeppelin abgebildet. Alle zwei Jahre erscheint sie in einer anderen Farbe. Viele Marktbummler bringen die Tasse teilweise schon von zu Hause mit, um ihren Glühwein oder Kaffee stilecht zu genießen. Besucher aus der Schweiz können übrigens auf ganz besondere Weise anreisen. Das »Schienen-Schiffs-Erlebnis« bringt sie mit Bahn und Schiff nach Friedrichshafen.

Weitere Informationen

Stadt Friedrichshafen
Karlstraße 24, 88045 Friedrichshafen
Tel. 0 75 41/7 49 49
www.friedrichshafen.de

88212 Ravensburg

Ravensburger Advent

Der Ravensburger Advent wird von der Initiative Ravensburg veranstaltet und lockt Jahr für Jahr zahlreiche Besucher in die Stadt am Bodensee.

Wann und Wo?

Das nächste Mal findet der Weihnachtsmarkt vom 7. Dezember bis 17. Dezember 2000 rund um das Ravensburger Rathaus statt.

Was ist geboten?

Etwa 75 Stände verführen mit weihnachtlichen Speisen und originellen Geschenkideen. Natürlich darf auch der Nikolaus nicht fehlen. Am 6. Dezember kommt er mit der Kutsche in die Stadt. Kinder können unter anderem an weihnachtlichen Bastelstunden teilnehmen oder selbst Weihnachtsgebäck backen. Auch die Streicheltiere im Stall unter den Rathausarkaden erfreuen sich gerade bei den kleinen Marktbesuchern großer Beliebtheit. Schüler- und Erwachsenenchöre und viele andere Musikgruppen sorgen für ein besinnliches musikalisches Programm. Außerdem findet jedes Jahr eine Ausstellung zu einem weihnachtlichen Thema im Foyer des Rathauses statt.

Weitere Informationen

Stadtverwaltung
Postfach 21 80, 88191 Ravensburg
Tel. 07 51/82-0
www.stadt-ravensburg.de

Weihnachtsmarkt

Vor der prächtigen Kulisse des Ulmer Münsters liegt der Ulmer Weihnachtsmarkt, eine romantische, kleine »Stadt in der Stadt«. Über eine Million Besucher aus dem In- und Ausland lockt er jedes Jahr in die Stadt an der Donau. Ob jung oder alt – Anlaß für einen Weihnachtsmarktbummel gibt es in Ulm immer!

Wann und Wo?

Das nächste Mal findet der Ulmer Weihnachtsmarkt vom 27. November bis 21. Dezember 2000 auf dem Ulmer Münsterplatz statt. Geöffnet ist werktags von 10.00 bis 20.30 Uhr, sonntags von 11.00 bis 20.30 Uhr.

Was ist geboten?

Rund 100 festlich geschmückte Holzhäuschen verführen zum Schlemmen und Bummeln: Kunsthandwerk, Christbaumschmuck und natürlich allerlei Leckereien sind hier zu finden. Kinder freuen sich besonders über die Krippe mit lebenden Tieren und Karussells, auf denen sie sich austoben können. Im und vor dem Münster können Marktbesucher adventlicher Musik lauschen.

Weitere Informationen

Ulm/Neu-Ulm Tourismuszentrale
Neue Straße 45, 89073 Ulm
Tel. 07 31/1 61 28 30
www.tourismus.ulm.de

Weitere Weihnachtsmärkte in diesem Postleitzahlenbereich

86551 Aichach:
Christkindlmarkt, 2. bis 24. Dez. 2000 (jeweils Samstag und Sonntag)

84503 Altötting:
Christkindlmarkt, 2. bis 18. Dez. 2000

82435 Bad Bayersoien:
Christkindlmarkt, 17. Dez. 2000

84364 Bad Birnbach:
Christkindlmarkt, 1. bis 3. Dez. 2000

88428 Bad Schussenried:
Weihnachts- und Pferdemarkt, 1. bis 2. Dez. 2000

83646 Bad Tölz:
Christkindlmarkt, 2. bis 24. Dez. 2000; Alpenländische Weihnacht, 15. Dez. 2000

86825 Bad Wörishofen:
Weihnachtsmarkt, 2. bis 3. Dez., 9. bis 10. Dez. und 16. bis 17. Dez. 2000

83346 Bergen/Chiemgau:
Christkindlmarkt, 3. Dez. 2000

88400 Biberach an der Riß:
Christkindles-Markt, 30. Nov. bis 10. Dez. 2000

89143 Blaubeuren:
Weihnachtsmarkt, 8. bis 10. Dez. 2000

88637 Buchheim:
Christkindlemarkt, 2. Dez. und 9. Dez. 2000

86807 Buchloe:
Christkindlmarkt, 8. bis 10. Dez. 2000

89407 Dillingen:
Christkindlmarkt im Schloßhof, 16. bis 17. Dez. 2000

85072 Eichstätt:
Adventsmarkt, 14. bis 18. Dez. 2000

87617 Füssen:
Christkindles Ständle, Dezember

83703 Gmund:
Nikolausmarkt, 3. Dez. 2000

89312 Günzburg:
Nikolausmarkt in der historischen Altstadt, 5. Dez. 2000

89518 Heidenheim an der Brenz:
Weihnachtsmarkt, 30. Nov. bis 22. Dez. 2000

89542 Herbrechtingen:
Weihnachtsmarkt, 1. bis 3. Dez. 2000

89257 Illertissen:
Weihnachtsmarkt, 1. bis 3. Dez. und 8. bis 10. Dez. 2000

88090 Immenstaad am Bodensee:
Weihnachtsmarkt, 17. Dez. 2000

85049 Ingolstadt:
Christkindlmarkt, 1. bis 23. Dez. 2000

88316 Isny im Allgäu:
Weihnachtsmarkt, 6. bis 10. Dez. 2000

87600 Kaufbeuren:
Christkindlmarkt, 9. bis 17. Dez. 2000

85110 Kipfenberg:
Weihnachtsmarkt, 3. Dez. 2000

88353 Kißlegg:
Kißlegger Advent, Kunsthandwerker- und Weihnachtsmarkt, 1. bis 3. Dez. 2000

86343 Königsbrunn:
Nikolausmarkt, 1. bis 3. Dez. 2000

89150 Laichingen:
Adventsmarkt, 24. bis 26. Nov. 2000

86896 Landsberg am Lech:
Christkindlmarkt, 1. bis 17. Dez. 2000

84000 Landshut:
Christkindlmarkt, 1. bis 23. Dez. 2000

89415 Lauingen:
Weihnachtsmarkt, 2. bis 3. Dez. 2000

87616 Marktoberdorf:
Weihnachtsmarkt, 9. bis 17. Dez. 2000

88074 Meckenbeuren:
Weihnachtsmarkt, 3. Dez. 2000

88708 Meersburg:
Weihnachtsmarkt, 1. bis 2. Dez. 2000

87700 Memmingen:
Christkindlesmarkt, 8. bis 20. Dez. 2000

80000 München:
TOLLWOOD Winterfestival, 1. bis 31. Dez. 2000

82487 Oberammergau:
Christkindlmarkt, 3. Dez. 2000

88416 Ochsenhausen:
Weihnachtsmarkt, 2. Dez. 2000

84347 Pfarrkirchen:
Weihnachtsmarkt, 2. bis 10. Dez. 2000

88433 Schemmerhofen:
Adventsbasar, 26. Nov. 2000

86956 Schongau:
Christkindlmarkt, 7. bis 10. Dez. 2000

87645 Schwangau:
Advent in Schwangau, 25. Nov. bis. 3. Dez. 2000

88477 Schwendi:
Weihnachtsmarkt, 2. bis 3. Dez. 2000

84359 Simbach am Inn:
Advent in Simbach, 2. Dez. 2000

83684 Tegernsee:
Christkindlmarkt, 2. Dez., 9. Dez. und 16. Dez. 2000

85135 Titting:
Weihnachtsmarkt, 10. Dez. 2000

88239 Wangen im Allgäu:
Nikolausmarkt, 29. Nov. 2000

86650 Wemding:
Weihnachtsmarkt, 6. bis 10. Dez. 2000

86637 Wertingen:
Weihnachtsmarkt mit Krippenausstellung, 2. bis 3. Dez. 2000

88529 Zwiefalten:
Zwiefalter Advent, 2. Dez. 2000

Postleitzahlenbereich 9

VÖLK

Christkindlesmarkt

Der Nürnberger Christkindlesmarkt ist mit Sicherheit einer der berühmtesten, wenn nicht sogar der berühmteste Weihnachtsmarkt überhaupt. Über zwei Millionen Besucher strömen jedes Jahr aus nah und fern mit Sonderzügen und -bussen, ja sogar speziellen Flügen, in die fränkische Stadt, um in der Stadt aus Holz und Tuch einen Weihnachtsbummel zu unternehmen. Die Straßen sind mit weißgestrichenen Holzstangen mit Weihnachtssymbolen, Tannengirlanden und Lichterketten geschmückt und über der einmalig stimmungsvolle Kulisse des Schönen Brunnens und der Frauenkirche schwebt ein Duft von Nürnberger Bratwürsten und Lebkuchen – jeder läßt sich hier gern in Weihnachtsstimmung versetzen. Doch der Nürnberger Christkindlesmarkt ist nicht nur bekannt, sondern auch sehr alt: Dem Einfluß Luthers ist es zuzuschreiben, daß zur Weihnachtszeit die Kinder beschenkt wurden und so begann man Anfang des 17. Jahrhunderts, auf dem vorweihnachtlichen Markt in Nürnberg zusätzlich Geschenke für Kinder anzubieten. Im Jahr 1628 ist dann die erste förmliche »Christmesse« mit Buden belegt. Auch ein weiterer fester Bestandteil des Christkindlesmarkt läßt sich bis in diese Zeit zurückverfolgen. Ab der Mitte des 17. Jahrhunderts wurden sogenannte Christbescherungsspiele aufgeführt, mit einem Christkind, aus dem sich dann der Nürnberger Weihnachtsengel entwickelte. Dieser geflügelte Engel aus unechter Blattgoldfolie ist als »Nürnberger Rauschgoldengel« weit über die Grenzen der fränkischen Stadt hinaus bekannt.

Wann und Wo?

Der Nürnberger Christkindlesmarkt findet jedes Jahr vom Freitag vor dem ersten Advent bis zum Heiligen Abend (außer dieser fällt auf einen Sonntag) auf dem Hauptmarkt statt. Der nächste Termin ist also vom 1. Dezember bis 23. Dezember 2000.

Was ist geboten?

Weltbekannt ist auch das Eröffnungszeremoniell, bei dem das »Christkind« begleitet von feierlicher Musik vom Chorumgang der Frauenkirche den von Friedrich Bröger verfaßten Prolog spricht. Das Nürnberger Christkind wird alle zwei Jahre von der Nürnberger Bevölkerung gewählt. Bewerben können sich im übrigen nur Nürnbergerinnen zwischen 16 und 19 Jahren, die über 1,60 Meter groß und absolut schwindelfrei sind.
An den rund 200 Ständen des Marktes werden neben Speis und Trank (darunter selbstverständlich Nürnberger Bratwürste und Lebkuchen) vor allem Christbaumschmuck, Rauschgoldengel, »Zwetschgenmännle« aus Früchten und Papier, sowie Lebkuchen und Spielzeug angeboten. Besonders beliebt ist auch die Glühweintasse, die jedes Jahr mit einem neuen Motiv auf den Markt kommt. Sie ist mittlerweile zu einem beliebten Sammelobjekt geworden.
Doch auch neben den Buden ist Marktbesuchern einiges geboten: Auf dem Podium vor der Frauenkirche treten Kinder- und Schulchöre, Bläsergruppen und andere Musikkapellen auf. Das Christkind besucht natürlich auch »seinen« Markt, verteilt Geschenke und lädt Kinder zu Märchenstunden ein. Außerdem können Kinder und Erwachsene Rundfahrten mit der Postkutsche unternehmen. Jeweils am zweiten Donnerstag im Advent findet der traditionelle Lichterzug der Nürnberger Schulkinder statt. Über 2000 Kinder ziehen mit selbst gebastelten Laternen durch die abgedunkelten Straßen der Stadt.

Weitere Informationen

Congress- und Tourismus-Zentrale Nürnberg
Frauentorgraben 3
90443 Nürnberg
Tel. 09 11/23 36-0
Fax 09 11/2 33 61 66
www.christkindlesmarkt.de

90762 Fürth

Weihnachtsmarkt auf der Fürther Freiheit

Keineswegs verstecken hinter dem »Giganten« in unmittelbarer Nachbarschaft braucht sich der Fürther Weihnachtsmarkt.

Wann und Wo?

Er findet das nächste Mal vom 30. November bis 23. Dezember 2000 auf der Fürther Freiheit im Stadtzentrum statt.

Was ist geboten?

An rund 40 Ständen werden hier weihnachtliche Waren und Leckereien angeboten. Darüber hinaus wartet die Stadt Fürth mit einem Rahmenprogramm mit zahlreichen Musikdarbietungen und Theateraufführungen auf; auch das Fürther Christkind und der Nikolaus stellen sich des öfteren auf dem Markt ein und beschenken die Kinder.
Neben dem Markt auf der Fürther Freiheit gibt es noch einen weiteren Weihnachtsmarkt in der fränkischen Stadt: die Fürther Altstadt-Weihnacht auf dem Waagplatz. Sie findet zum nächsten Mal vom 1. Dezember bis 10. Dezember 2000 statt. An den etwa 40 Ständen wird vorwiegend traditionelles Handwerk und Kunstgewerbe angeboten, so zum Beispiel Gold- und Silberschmuck, Keramik, Spieluhren und Zinnfiguren. Für musikalische Umrahmung sorgen unter anderem Kinder- und Erwachsenenchöre, Bläser, Sänger und Liedermacher. Nicht nur für Kinder gibt es ein Puppentheater.

Weitere Informationen

Stadt Fürth, Tourist-Information
Maxstraße 42, 90762 Fürth
Tel. 09 11/7 40 66 15
Fax 09 11/7 40 66 17
www.fuerth.de

91301 Forchheim

Weihnachtsmarkt

Der Weihnachtsmarkt der Stadt Forchheim kann mit einer ganz besonderen Attraktion aufwarten: Hier gibt es nämlich jedes Jahr den größten Adventskalender der Welt – sogar im Guinessbuch der Rekorde ist dieser verzeichnet!

Was ist geboten?

Neben den üblichen Buden mit Weihnachtsartikeln und Speis und Trank erwarten den Besucher des Forchheimer Weihnachtsmarktes Krippenführungen, Kutschfahrten und Chor-Auftritte. Kinder können sich auf einem Karussell austoben. Außerdem wird jeden Tag ein Preis verlost.

Wann und Wo?

Zum nächsten Mal findet der Weihnachtsmarkt vom 1. Dezember bis 24. Dezember 2000, täglich von 11.30 bis 19.00 Uhr statt. Veranstaltungsort ist der Rathausplatz und der Platz um die Martinskirche.

Weitere Informationen

Tourist-Information, Rathaus
Hauptstraße 24, 91301 Forchheim
Tel. 0 91 91/71 43 83
www.forchheim.de

91541 Rothenburg ob der Tauber

Reiterlesmarkt

Die mittelalterliche Stadt Rothenburg ob der Tauber an der Romantischen Straße zeigt sich im Advent von einer besonders malerischen Seite. Die verwinkelten Gassen um das Rathaus und der Marktplatz werden von weihnachtlich geschmückten Buden gesäumt und über der Stadt schwebt ein Hauch von Glühwein und Lebkuchen. Der Reiterlesmarkt kann auf eine Tradition von über 500 Jahren zurückblicken und ist stolz darauf, seine historische Atmosphäre bis heute gewahrt zu haben. Seinen Namen hat der Markt vom »Reiterle«, für unsere Vorfahren ein Abgesandter einer anderen Welt, der zur Winterzeit mit den Seelen der Verstorbenen durch die Lüfte schwebte. Doch hat sich das Bild dieser mythischen Figur im Laufe der Zeit gewandelt. Flößte sie früher noch Furcht ein, freuen sich heute Kinder wie Erwachsene auf das Erscheinen des freundlichen Boten, denn er beschenkt alljährlich beim Lichterzug die Kinder der Stadt.

Wann und Wo?

Zum nächsten Mal findet der Reiterlesmarkt in Rothenburg vom 24. November bis 22. Dezember 2000 rund um das Rothenburger Rathaus und den Marktplatz statt.

Was ist geboten?

Eröffnet wird er Markt vom Oberbürgermeister der Stadt zusammen mit dem Reiterle. Neben den zahlreichen Buden, die unter anderem altdeutsches Weihnachtsgebäck, »weißen« Glühwein und typisch fränkische Töpferwaren anbieten, ist auch ein umfangreiches Rahmenprogramm geboten: Konzerte, Adventssingen, Tanz und Sonderführungen durch die Stadt gehören ebenso dazu wie Puppentheater.

Weitere Informationen

Rothenburg Tourismus Service
Marktplatz 2
91541 Rothenburg ob der Tauber
Tel. 0 98 61/4 04-92
Fax 0 98 61/8 68 07
www.rothenburg.de

91550 Dinkelsbühl

Weihnachtsmarkt

Wann und Wo?

Der Dinkelsbühler Weihnachtsmarkt findet zum nächsten Mal vom 30. November bis 23. Dezember 2000, jeweils von Donnerstag bis Sonntag statt. Veranstaltungsort ist der Weinmarkt an der Schranne im historischen Stadtkern in der Nähe des Münsters St. Georg.

Was ist geboten?

Etwa 20 Stände laden zum Bummeln und Naschen in der weihnachtlich beleuchteten Stadt ein. Täglich um 17.30 Uhr sorgen verschiedene Gruppen mit weihnachtlichem Musizieren oder Singen für festliche Stimmung. Jeden Freitag kann man bei einer Verlosung des Handels- und Gewerbeverbandes sein Glück versuchen. Im Münster St. Georg ist eine Krippe ausgestellt.

Weitere Informationen

Touristik Service
Marktplatz
91550 Dinkelsbühl
Tel. 0 98 51/9 02 70
Fax 0 98 51/9 02 79
www.dinkelsbuehl.de

93047 Regensburg

Christkindl-markt

1996 wurde der Regensburger Christkindlmarkt von der Zeitschrift »Feinschmecker« als einer der zehn schönsten Weihnachtsmärkte im gesamten deutschen Raum eingestuft. Seine unmittelbare Nähe zum Regensburger Dom und der Auftritt der weltberühmten Regensburger Domspatzen steigern seine Attraktivität noch erheblich.

Was ist geboten?

An etwa 70 Ständen sind hier allerlei Produkte zu finden, die wohl einen jeden Marktbesucher in Weihnachtsstimmung bringen dürften. Nicht fehlen dürfen natürlich die Regensburger Domspatzen, die mit ihrem Gesang zur festlichen Untermalung des Marktes beitragen. Auch andere Musikgruppen aus dem In- und Ausland geben ihre Künste zum Besten. Nikolausrundgänge und Kindernachmittage stehen ebenfalls auf dem Programm.
Außerdem findet in Regensburg vom 1. Dezember bis 23. Dezember 2000 der Lucreziamarkt, ein Weihnachtsmarkt der Kunsthandwerker, statt.

Wann und Wo?

Zum nächsten Mal findet der Christkindlmarkt vom 30. November bis 23. Dezember 2000 statt. Veranstaltungsort ist der Neupfarrplatz im Herzen der Regensburger Altstadt.

Weitere Informationen

Stadt Regensburg
Amt für Umwelt-, Natur- und Verbraucherschutz
Minoritenweg, 93057 Regensburg
Tel. 09 41/5 07 43 10
www.regensburg.de

93336 Hexenagger

Romantischer Weihnachts-markt

Im Naturpark Altmühltal liegt das Schloß Hexenagger, dessen romantische Innenhöfe die ideale Kulisse für einen Weihnachtsmarkt bieten.

Wann und Wo?

Das nächste Mal findet der Weihnachtsmarkt vom 8. Dezember bis 10. Dezember 2000 sowie vom 15. Dezember bis 17. Dezember 2000 statt. Schloß Hexenagger ist über die BAB 9 zu erreichen. Wer aus Richtung Nürnberg kommt, verläßt die Autobahn an der Ausfahrt Denkendorf und biegt dann nach etwa 10 km Richtung Ingolstadt ab, dann sieht man das Schloß bald von der Straße aus. Wer aus Richtung München anreist: BAB 9 an der Ausfahrt Vohburg/Großmering verlassen, nach 30 km Fahrt in Richtung Riedenburg sieht man auch hier das Schloß.

Was ist geboten?

Neben weihnachtlichen Speisen und Getränken und natürlich vielen originellen Geschenkideen wartet das Schloß Hexenagger mit einem umfangreichen Rahmenprogramm auf. Dazu gehören Orgelmusik in der Schloßkapelle, Konzerte verschiedener Musikgruppen und ein Kinderballett. Für Kinder sind außerdem eine Bastelstube und Märchenstunden geboten. Auch der Nikolaus schaut auf dem Schloß vorbei.

Weitere Informationen

Schloß Hexenagger
Veranstaltungs GmbH
93336 Hexenagger
Tel. 0 94 42/91 83-0
www.hexenagger.de

94469 Deggendorf

Christkindl-markt

Seit 1998 können sich Besucher des Deggendorfer Christkindlmarktes auf ganz besondere Weise zum Markt transportieren lassen: Auf einer seit 18 Jahren für den Personenverkehr eingestellten Nebenstrecke der Bahn fährt sie der Deggendorfer Christkindl-Express von Schöllnach über Halbmeile, Hengersberg, Schwanenkirchen und Iggensbach nach Deggendorf.

Wann und Wo?
Der Christkindlmarkt findet jedes Jahr vom Freitag vor dem ersten Advent bis 23. Dezember statt, das nächste Mal vom 1. Dezember bis 23. Dezember 2000. Veranstaltungsort ist die Fußgängerzone am Oberen Stadtplatz.

Was ist geboten?
Insgesamt bieten Gastronomen und etwa 45 Fieranten ihre Waren an und sorgen mit Christbaumschmuck, Geschenkideen, Glühwein und gebrannten Mandeln für Weihnachtsstimmung bei jung und alt. Ein Höhepunkt des Marktes ist der Rathausadventskalender am Alten Rathaus: Ab dem 1. Dezember öffnet der Weihnachtsmann täglich um 15.30 Uhr ein Türchen dieses Kalenders. An den Wochenenden sorgt ein umfangreiches Rahmenprogramm für Kurzweil. Unter anderem unterhalten Deggendorfer Turmbläser, Posaunenchor und Blechbläserensemble das Publikum mit musikalischen Darbietungen. Kinder können sich auf einem Karussell austoben.

Weitere Informationen
Kultur- und Verkehrsamt der Stadt Deggendorf
Oberer Stadtplatz, 94469 Deggendorf
Tel. 09 91/29 60-169
www.deggendorf.de

95444 Bayreuth

Christkindlesmarkt

Nicht nur zur Festspielzeit lockt Bayreuth zahlreiche Besucher an, auch zur Weihnachtszeit ist die Stadt eine Reise wert. Wo im Sommer Opernklänge das Publikum in den Bann ziehen, herrscht im Winter eine Atmosphäre der Besinnlichkeit und Freude vor. Die Richard-Wagner-Stadt erstrahlt im hellen Lichterglanz und versetzt jung und alt in Weihnachtsstimmung.

Wann und Wo?

Das nächste Mal findet der Bayreuther Christkindlesmarkt vom 1. Dezember bis 23. Dezember 2000 statt, geöffnet ist montags bis samstags jeweils von 10.00 bis 19.30 Uhr, sonntags von 11.00 bis 19.30 Uhr. Veranstaltungsort ist die Fußgängerzone rund um den Neptunbrunnen.

Was ist geboten?

Rund 35 Buden bieten weihnachtliche Leckereien wie Glühwein und Lebkuchen sowie allerlei witzige Geschenkideen an. Ein täglich wechselndes Programm auf der Aktionsbühne unterhält die zahlreichen Marktbesucher. Neben festlicher Musik von Posaunenbläsern und Chören gehören dazu auch Handwerksvorführungen, wie z.B. Zinngießen oder Kupferschmieden. Auch für Kinder ist eine ganze Menge geboten: Kasperltheater, Zauberer, Kindertheater, Märchenstunden, ein Kinderkarussell und natürlich der Nikolaus sorgen dafür, daß es den kleinen Marktbesuchern ganz bestimmt nicht langweilig wird. Wer allerdings in Ruhe ohne Kinder nach Weihnachtsgeschenken suchen will, kann seine Sprößlinge unter fachlicher Aufsicht betreuen lassen. Darüber hinaus wartet die Stadt Bayreuth mit einem umfangreichen Rahmenprogramm auf. Dazu zählen unter anderem Kutschfahrten an den Adventssonntagen, Orgelkonzerte in den Kirchen, eine Krippen-Ausstellung in der Stadtkirche sowie eine lebende Krippe im Innenhof des Alten Schlosses.

Weitere Informationen

Kongreß- und Tourismuszentrale
Luitpoldplatz 9, 95444 Bayreuth
Tel. 09 21/8 85-66
Fax 09 21/8 85-38
www.bayreuth.de

96047 Bamberg

Weihnachtsmarkt

1993 wurde die Bamberger Altstadt als zwölftes Denkmal in Deutschland von der UNESCO in die Liste des Weltkulturerbes aufgenommen – schon allein deshalb ist die Stadt eine Reise wert. Besonders einzigartig zeigt sich Bamberg jedoch zur Weihnachtszeit. Seit Beginn des 19. Jahrhunderts findet hier jedes Jahr ein Weihnachtsmarkt statt.

Wann und Wo?

Eröffnet wird der Markt immer am Donnerstag vor dem ersten Advent um 16.30 Uhr, er dauert bis zum 23. Dezember. Der nächste Termin ist also vom 1. Dezember bis 23. Dezember 2000. Veranstaltungsort ist der Maximiliansplatz in der Bamberger Fußgängerzone.

Was ist geboten?

Etwa 50 Buden laden Besucher aus nah und fern zum Bummeln und Naschen ein. Zum Angebot zählen sowohl klassische Weihnachtsartikel, wie Kerzen, Christbaumschmuck und kleine Geschenke, aber auch regionale Spezialitäten wie Nußbrot oder Lebkuchen. Auch an typisch fränkischen Schleckereien kann man sich laben: Auf keine Fall entgehen lassen sollte man sich das Bamberger Rauchbier, am besten zusammen mit Bratwürsten. Wer seiner Weihnachtspost eine besondere Note verleihen will, kann diese im speziellen Weihnachtspostamt aufgeben. Darüber hinaus erwartet die Besucher ein umfangreiches Rahmenprogramm mit Puppentheater, Orgelkonzerten, Turmblasen, Kindertheater, Hausmusik und vielen anderen weihnachtlichen Attraktionen. Noch bekannter als der Bamberger Weihnachtsmarkt ist mit Sicherheit der **Bamberger Krippenweg:** Auf insgesamt 34 Stationen, darunter Plätze, Kirchen und Museen, gibt es unterschiedliche Krippendarstellungen zu sehen. Der Krippenweg findet jedes Jahr vom ersten Advent bis zum Dreikönigstag statt (nächster Termin:

2. Dezember 2000 bis 6. Januar 2001). Zu den Höhepunkten zählt der sogenannte Weihnachtsaltar von Veit Stoß von 1523, der im südlichen Querschiff des Doms steht. Interessierte Besucher können an der zweistündigen Stadtführung »Von Krippe zu Krippe« teilnehmen, die sie zu allen wichtigen Stationen des Krippenwegs bringt. Wer gleich zwei fränkische Advents-Highlights kennenlernen will, kann das Tagesarrangement »Forchheimer Weihnacht und Krippenweg Bamberg erleben« buchen.

Weitere Informationen
Bamberg
Tourismus & Kongreß Service
Geyerswörtherstraße 3
96047 Bamberg
Tel. 09 51/87-11 61
www.bamberg.de

96143 Seßlach

Adventsmarkt

Wann und Wo?
Jedes Jahr am ersten Adventswochenende erstrahlt die historische Altstadt von Seßlach in festlichem Glanz. Zum nächsten Mal findet hier am 2. und 3. Dezember 2000 der Adventsmarkt auf dem Marktplatz statt.

Was ist geboten?
Etwa 30 Buden wecken bei groß und klein Vorfreude auf das Weihnachtsfest. Außerdem wartet die Stadt mit einer Krippenausstellung im Kultursaal und einem Adventskonzert in der Kirche auf.

Weitere Informationen
Arbeitskreis Tourismus Seßlach und Umgebung e.V.
Marktplatz 98, 96143 Seßlach
Tel. 0 95 69/92 2540
Fax 0 95 69/92 25 25
www.sesslach.de

96317 Kronach

Weihnachtsmarkt

Wann und Wo?

Jedes Jahr zur Adventszeit lockt der Weihnachtsmarkt zahlreiche Besucher in die Lucas-Cranach-Stadt. Er findet jeweils an den Adventssonntagen statt, zum nächsten Mal am 3. Dezember, am 10. Dezember und am 17. Dezember 2000. Veranstaltungsort ist die Altstadt von Kronach.

Was ist geboten?

An etwa 60 Ständen ist dann alles geboten, was zu einem richtigen Weihnachtsmarkt gehört. Ein umfangreiches Rahmenprogramm sorgt dafür, daß es den Marktbesuchern ganz bestimmt nicht langweilig wird. Dazu gehören unter anderem eine Krippenausstellung und eine Bläsergruppe. Auch Nikolaus und Christkind geben sich die Ehre und schauen in Kronach vorbei.

Weitere Informationen

Fremdenverkehrsamt der Lucas-Cranach-Stadt Kronach
Lucas-Cranach-Straße 19
96317 Kronach
Tel. 0 92 61/9 72 36
Fax 0 92 61/9 72 36
www.kronach.de

96450 Coburg

Weihnachts-markt

Der Coburger Weihnachtsmarkt ist zwar nicht der größte und auch nicht der älteste Weihnachtsmarkt, doch hat er dennoch einen besonderen Charme. Umrahmt von den historischen Gebäuden auf dem Marktplatz, gibt er besonderes wenn Schnee liegt ein malerisches Bild ab. Zum ersten Mal erwähnt wird der Weihnachtsmarkt im Jahr 1833, weil damals ein Standortwechsel stattfand. Der Markt muß daher also noch älter sein. Mit Ausnahme der Jahre 1938 bis 1946 sorgte er jedes Jahr für Weihnachtsstimmung in Coburg.

Wann und Wo?

Das nächste Mal findet der Markt vom 1. Dezember bis 23. Dezember 2000 auf dem Marktplatz statt. Öffnungszeiten sind montags bis samstags von 9.00 bis 20.00 Uhr, sonntags von 11.00 bis 20.00 Uhr.

Was ist geboten?

Am Freitag vor dem ersten Advent wird der Weihnachtsmarkt um 17.00 Uhr feierlich eröffnet. Dann ziehen die Coburger Kinder mit Lampions zum dunklen Marktplatz. Dort gesellt sich dann der Nikolaus zu ihnen und der Oberbürgermeister eröffnet mit Friedens- und Segenswünschen den Markt. Erst dann erstrahlt die ganze Stadt in weihnachtlichem Glanz und die etwa 80 Buden dürfen mit dem Verkauf von Leckereien und Krimskrams beginnen. Bei der Auswahl der Fieranten achten die Coburger Ratsherren besonders darauf, daß der Schwerpunkt des Angebots auf vorweihnachtlichen Produkten liegt: Christbaumschmuck, Porzellan, Keramik, Puppen und Holzspielzeug können unter anderem erworben werden. Für die kleinen Marktbesucher gibt es Märchengruppen; regelmäßig findet sich auch der Nikolaus mit einer Pferdekutsche auf dem Marktplatz ein und verteilt Geschenke. Daneben gibt es ein umfangreiches Rahmenprogramm mit Adventssingen, Bläsermusik und Theateraufführungen.

Weitere Informationen

Tourist-Information Coburg Stadt und Land
Herrngasse 4, 96450 Coburg
Tel. 0 95 61/74 18-0
Fax 0 95 61/74 18-29
www.coburg-tourist.de

97070 Würzburg

Weihnachtsmarkt

Als einer der schönsten Weihnachstmärkte Deutschlands gilt der Würzburger Weihnachtsmarkt, denn hier stimmt einfach alles: Tradition, Atmosphäre und ein Angebot, das für jedermann etwas zu bieten hat. Vor der historischen Kulisse des Marktplatzes mit der gotischen Marienkapelle und dem berühmten Rokoko-Haus »Zum Falken« gelegen, zeigt sich der Markt besonders in den Abendstunden von einer malerischen Seite.

Wann und Wo?

Das nächste Mal findet der Würzburger Weihnachtsmarkt vom 1. Dezember bis 23. Dezember 2000 statt. Veranstaltungsort ist der obere und der untere Markt in der Altstadt. Geöffnet ist der Markt täglich von 10.00 bis 20.00 Uhr, sonntags von 11.00 bis 20.00 Uhr.

Was ist geboten?

An rund 60 Ständen kann man dann nach Weihnachtsgeschenken für liebe Menschen suchen oder sich an Glühwein und gebrannten Mandeln laben. Rund um den Weihnachtsmarkt gibt es verschiedene Veranstaltungen, wie Bläsermusik, szenische Darstellungen der Weihnachtsgeschichte, Weihnachtssingen und vieles mehr. Auch der Nikolaus gibt sich die Ehre und besucht den Weihnachtsmarkt. Ein besonderes Erlebnis ist mit Sicherheit auch eine Fahrt mit der festlich geschmückten Nikolausstraßenbahn durch die Würzburger Altstadt. Bei weihnachtlicher Verköstigung kann man so Würzburg von einer ganz anderen Seite erleben. Außerdem bieten auch zahlreiche Hotels Pauschalangebote zur Weihnachtszeit an.

Weitere Informationen

Congress & Tourismus Zentrale
Am Congress Centrum
97070 Würzburg
Tel. 09 31/37- 23 35
Fax 09 31/37-36 52
www.wuerzburg.de

97199 Ochsenfurt

Weihnachtlicher Märchenmarkt

Die »Zuckerstadt« Ochsenfurt hat seit 1998 eine eigene Symbolfigur, die »Ochsenfurter Zuckerfee«. Ganz klar, daß diese auch auf dem Weihnachtsmarkt nicht fehlen darf: Dort verkauft sie den größten Zuckerkuchen Mainfrankens.

Wann und Wo?

Das nächste Mal findet der weihnachtliche Märchenmarkt vom 1. Dezember bis 3. Dezember 2000, vom 8. Dezember bis 10. Dezember 2000 und vom 15. Dezember bis 17. Dezember 2000 statt. Veranstaltungsorte sind Hauptstraße und Marktplatz in der historischen Altstadt.

Was ist geboten?

Seine Namen hat der Märchenmarkt von den Märchenfassaden der rund 30 Holzhütten, die im tiefen Winter natürlich besonders malerisch aussehen. Neben Verkauf und Speis und Trank hat sich die mainfränkische Stadt noch einiges andere einfallen lassen, um große und kleine Besucher in Weihnachtsstimmung zu versetzen: Zahlreiche Adventskonzerte, Ausstellungen im Rathaus, Theatervorstellungen, Puppentheater und Lesungen gehören zum umfangreichen Rahmenprogramm. Für Kinder gibt es spezielle Museumsführungen.

Weitere Informationen

Stadt Ochsenfurt
Hauptstraße 42
97199 Ochsenfurt
Tel. 0 93 31/97-0
www.ochsenfurt.de

97934 Tauberbischofsheim

Weihnachtsmarkt

In eine Welt der Märchen eingebettet ist der Weihnachtsmarkt von Tauberbischofsheim. Groß und klein lassen sich gerne von der stimmungsvollen Weihnachtsbeleuchtung verzaubern, die den Schloßplatz vor der Kulisse des Kurmainzischen Schlosses in feierliches Licht taucht.

Wann und Wo?

Das nächste Mal findet der Weihnachtsmarkt vom 1. Dezember bis 3. Dezember 2000, vom 8. Dezember bis 10. Dezember 2000 und vom 15. Dezember bis 17. Dezember 2000 auf dem Schloßplatz statt. Öffnungszeiten sind jeweils von 12.00 bis 19.00 Uhr.

Was ist geboten?

An 23 Buden werden überwiegend selbstgefertigte Produkte angeboten. Dazu zählen unter anderem Schmuck, Korbwaren, Felle, Christbaumschmuck aus Naturmaterialien, Wachskerzen und natürlich Glühwein, gebrannte Mandeln und Waffeln. Für Kinder gibt es einen Streichelzoo mit Schafen, eine Stadtführung mit Besteigung des Türmersturmes und ein Marionettentheater. Am zweiten Adventswochenende kommt der Nikolaus im Schlitten und verteilt Geschenke. Auch für Erwachsene ist eine ganze Menge geboten: Turmblasen vom Türmersturm, Vorführungen von Kunsthandwerkern (u.a. Kerzengießer) und Darbietungen einheimischer Musik- und Gesangsvereine sind nur ein Teil des umfangreichen Rahmenprogrammes.

Weitere Informationen

Kultur- und Verkehrsamt
Postfach 14 80
97934 Tauberbischofsheim
Tel. 0 93 41/8 03-25
www.tauberbischofsheim.de

98724 Lauscha

Kugelmarkt

Wann und Wo?

Zum nächsten Mal findet der Kugelmarkt im thüringischen Lauscha vom 2. Dezember bis 3. Dezember 2000 und vom 9. Dezember bis 10. Dezember 2000 auf dem Hüttenplatz statt. Geöffnet ist jeweils ab 10.00 Uhr.

Was ist geboten?

Da Lauscha vor allem als Glasbläserstädtchen bekannt ist, stehen natürlich Glasprodukte, besonders Christbaumkugeln, im Mittelpunkt des Marktes. Daneben können Besucher aber auch Vasen oder Glastiere direkt bei den Herstellern erwerben, die sich bei ihrer Arbeit auch ganz gerne einmal über die Schulter schauen lassen. Außerdem bieten zahlreiche Kunsthandwerker aus der Region ihre Produkte wie Schmuck oder Schnitzarbeiten an.

Weitere Informationen

Tourist-Information
Hüttenplatz 6
98724 Lauscha
Tel. 03 67 02/2 29 44
Fax 03 67 02/2 29 42

99084 Erfurt

Weihnachtsmarkt

Unter dem 25 Meter hohen Weihnachtsbaum glänzen die Lichter des Erfurter Weihnachtsmarktes, der mit seinen festlich geschmückten Buden zu einem ausgiebigen Marktbummel verlockt. Rund 800 000 Besucher zieht es jedes Jahr zur Vorweihnachtszeit in die denkmalgeschützte Altstadt der thüringischen Landeshauptstadt.

Wann und Wo?

Der Erfurter Weihnachtsmarkt findet das nächste Mal vom 27. November bis 22. Dezember 2000 statt. Er erstreckt sich vom Domplatz über den Fischmarkt bis hin zum Wenigemarkt. Geöffnet ist täglich von 10.00 bis 20.00 Uhr.

Was ist geboten?

Über 190 Stände laden zum Bummeln und Schlemmen ein. Neben allerlei weihnachtlichen Produkten und Geschenkideen findet der Besucher hier auch zahlreiche Thüringer Spezialitäten. Kinder freuen sich besonders über die Krippe mit ihren lebensgroßen handgeschnitzten Figuren und die zahlreichen Märchengestalten, die auf dem Benediktplatz und entlang der Rathausarkade zu Szenen zusammengestellt sind.

Weitere Informationen

Tourist-Information
Fischmarkt 27
99084 Erfurt
Tel. 03 61/6 64 00
Fax 03 61/6 64 02 90
www.erfurt.de

99831 Creuzburg

Weihnachtsmarkt

Die Stadt Creuzburg an der Werra wird von der mächtigen Burg überragt und besitzt bereits seit 1213 das Stadtrecht. Von einer besonders festlichen Seite zeigt sie sich zur Vorweihnachtszeit.

Wann und Wo?

Der Creuzburger Weihnachtsmarkt findet jedes Jahr am zweiten Adventssonntag statt, das nächste Mal am 10. Dezember 2000. Veranstaltungsort ist der Plan.

Was ist geboten?

Schon im 16. Jahrhundert fanden auf dem Plan Jahrmärkte statt. Im Zentrum des Platzes steht ein Brunnen, der lange Zeit von der Herzbergquelle gespeist wurde und bis 1901 die Stadt Creuzburg mit dem lebensnotwendigen Wasser versorgte. Um diesen Brunnen herum gruppieren sich die 20 festlich geschmückten Stände des Creuzburger Weihnachtsmarktes. Außerdem wartet die Stadt zur Adventszeit mit Bläsergruppen und Weihnachtskonzerten im Festsaal der Burg auf.

Weitere Informationen

Tourist-Information
Am Markt , 99831 Creuzburg
Tel. 03 69 26/9 80 47
www.creuzburg.de

Weitere Weihnachtsmärkte in diesem Postleitzahlenbereich

91183 Abenberg:
Weihnachtsmarkt, 3. Dez. 2000

91587 Adelshofen-Tauberzell:
Weihnachtsmarkt, 10. Dez. 2000

90584 Allersberg:
Weihnachtsmarkt mit Krippen- und Hobbykünstlerausstellung, 9. bis 10. Dez. 2000

90518 Altdorf:
Weihnachtsmarkt, 2. bis 3. Dez., 9. bis 10. Dez., 16. bis 17. Dez. und 23. bis 24. Dez. 2000; Thomasmarkt, 21. Dez. 2000

92224 Amberg:
Weihnachtsmarkt,
30. Nov. bis 23. Dez. 2000

91522 Ansbach:
Weihnachtsmarkt, 1. bis 23. Dez. 2000

93471 Arnbruck:
Weihnachtsmarkt, 17. Dez. 2000

97450 Arnstein:
Katharinen-/Weihnachtsmarkt,
26. Nov. 2000

95659 Arzberg:
Weihnachtsmarkt, 2. Dez. 2000

95680 Bad Alexandersbad:
Weihnachtsmarkt, 2. bis 3. Dez. 2000

95460 Bad Berneck:
Weihnachtsmarkt, 17. Dez. 2000

97769 Bad Brückenau:
Weihnachtsmarkt, 17. Dez. 2000

94086 Bad Griesbach:
Christkindelmarkt, 2. bis 3. Dez. 2000

97688 Bad Kissingen:
Christkindlesmarkt,
24. Nov. bis 24. Dez. 2000

97631 Bad Königshofen:
Thomasmarkt, 21. Dez. 2000

97980 Bad Mergentheim:
Weihnachtsmarkt, 8. bis 22. Dez. 2000

96476 Bad Rodach:
Fränkische Weihnacht, 17. Dez. 2000

95138 Bad Steben:
Romantischer Weihnachtsmarkt im Kurpark, 3. Dez. 2000

91438 Bad Windsheim:
Weihnachtsmarkt,
24. Nov. bis 17. Dez. 2000

96148 Baunach:
Weihnachtsmarkt, 10. Dez. 2000

92339 Beilngries:
Weihnachtsmarkt, 7. bis 10. Dez. und 15. bis 17. Dez. 2000

92334 Berching:
Weihnachtsmarkt, 16. bis 17. Dez. 2000

91282 Betzenstein:
Weihnachtsmarkt, 26. Nov. 2000

95493 Bischofsgrün:
Weihnachtsmarkt, 8. Dez. 2000

97944 Boxberg:
Boxberger Weihnachtszauber, 16. bis 17. Dez. 2000

96152 Burghaslach:
Weihnachtsmarkt, 17. Dez. 2000

96224 Burgkunstadt:
Weihnachtsmarkt, 2. Dez. 2000

91595 Burgoberbach:
Weihnachtsmarkt, 2. bis 3. Dez. 2000

97496 Burgpreppach:
Weihnachtsmarkt, 17. Dez. 2000

90559 Burgthann:
Weihnachtsmarkt, 20. Dez. 2000

90556 Cadolzburg:
Adventsmarkt, 2. bis 3. Dez. 2000

97355 Castell:
Es weihnachtet im Schloßgarten, 9. bis 10. Dez. 2000

91598 Colmberg:
Weihnachtsmarkt mit Bauernmarkt, 3. Dez. 2000

97993 Creglingen:
Weihnachtsmarkt, 2 bis. 3. Dez. 2000

96250 Ebensfeld:
Weihnachtsmarkt, 3. Dez. 2000

91320 Ebermannstadt:
Weihnachtsmarkt, 3. Dez. und 10. Dez. 2000

96106 Ebern:
Weihnachtsmarkt mit Krippenausstellung, 3. Dez. und 10. Dez. 2000

91349 Egloffstein:
Weihnachtsmarkt, 10. Dez. 2000

97246 Eibelstadt:
Weihnachtsmarkt, 26. Nov., 3. Dez., 10. Dez. und 17. Dez. 2000

99817 Eisenach:
Weihnachtsmarkt, 25. Nov. bis 17. Dez. 2000

97483 Eltmann:
Weihnachtsmarkt, 1. Dez. 2000

91448 Emskirchen:
Adventsmarkt, 3. Dez. 2000

91052 Erlangen:
Weihnachtsmarkt, 1. bis 24. Dez. 2000

93167 Falkenstein:
Christkindlmarkt, 15. bis 17. Dez. 2000

91555 Feuchtwangen:
Christkindles-Markt, 1. bis 23. Dez. 2000 (Donnerstag und Samstag); Weihnachtsmarkt, 17. bis 23. Dez. 2000

95482 Gefrees:
Weihnachtsmarkt, 28. Nov. 2000

97737 Gemünden am Main:
Stollenmarkt, 26. Nov. 2000

97447 Gerolzhofen:
Adventsmarkt, 8. bis 10. Dez. 2000

91608 Geslau:
Weihnachtsmarkt, 17. Dez. 2000

91327 Gößweinstein:
Weihnachtsmarkt, 16. bis 17. Dez. 2000

91327 Gößweinstein-Wichsenstein:
Weihnachtsmarkt, 2. bis. 3. Dez. 2000

91322 Gräfenberg:
Vorweihnacht mit Adventskonzert, 17. Dez. 2000

91171 Greding:
Weihnachtsmarkt, 3. Dez. 2000

97320 Großlangheim:
Adventsbasar, 3. Dez. 2000

91710 Gunzenhausen:
Romantischer Weihnachtsmarkt, 3. bis 23. Dez. 2000

94051 Hauzenberg:
Weihnachtsmarkt, 1. bis 23. Dez. 2000

91719 Heidenheim:
Weihnachtsmarkt, 10. Dez. 2000

91332 Heiligenstadt:
Weihnachtsmarkt, 26. Nov. 2000

91217 Hersbruck:
Weihnachtsmarkt, 30. Nov. bis 23. Dez. 2000 (Donnerstag bis Samstag); Fränkische Weihnacht, 23. Dez. 2000

91074 Herzogenaurach:
Weihnachtsmarkt, 8. bis 10. Dez. 2000

91315 Höchstadt/Aisch:
Weihnachtsmarkt, 11. bis 17. Dez. 2000

94544 Hofkirchen:
Burgweihnacht mit Weihnachtsmarkt, 15. bis 17. Dez. 2000

96142 Hollfeld:
Weihnachtsmarkt, 17. Dez. 2000

97346 Iphofen:
Weihnachtsspaziergang, 9. bis 10. Dez. 2000

97258 Ippesheim-Bullenheim:
Adventsmarkt, 26. Nov. 2000; Weihnachts- und Weinmarkt, 1. Dez. 2000

93309 Kelheim:
Weihnachtsmarkt, 8. bis 17. Dez. 2000

97318 Kitzingen:
Weihnachtsmarkt, 1. bis 24. Dez. 2000

97486 Königsberg in Bayern:
Weihnachtsmarkt, 10. Dez. 2000

97478 Knetzgau:
Weihnachtsmarkt, 25. bis 26. Nov. 2000; Weihnachtsmarkt »Am Plan«, 3. Dez. 2000

93444 Kötzting:
Christkindlmarkt, 30. Nov. bis 23. Dez. 2000

97900 Külsheim:
Weihnachtsmarkt, 30. Nov. bis 3. Dez. und 7. bis 10. Dez. 2000

90579 Langenzenn:
Weihnachtsmarkt, 17. Dez. 2000

97922 Lauda-Königshofen:
Weihnachtsmarkt, 2. bis 3. Dez. 2000

91207 Lauf an der Pegnitz:
Laufer Weihnachtsmarkt, 1. bis 24. Dez. 2000

98739 Lichte:
Weihnachts- und Porzellanmarkt, 25. bis 26. Nov. 2000

91586 Lichtenau:
Weihnachtsmarkt, 10. Dez. 2000

96215 Lichtenfels:
Weihnachtsmarkt, 15. bis 23. Dez. 2000

96170 Lisberg-Neuhausen:
Adventsmarkt, 3. Dez. 2000

96170 Lisberg-Trabelsdorf:
Weihnachtsmarkt, 17. Dez. 2000

97816 Lohr am Main:
Weihnachtsmarkt, 8. bis 17. Dez. 2000

96337 Ludwigsstadt:
Weihnachtsmarkt, 16. Dez. 2000

97350 Mainbernheim:
Weihnachtsmarkt, 10. Dez. 2000

91477 Markt Bibart:
Adventsmarkt, 3. Dez. 2000

97340 Marktbreit:
Weihnachtsmarkt, 26. Nov. 2000

91459 Markt Erlbach:
Adventsmarkt, 17. Dez. 2000

96257 Marktgraitz:
Weihnachtsmarkt, 10. Dez. 2000

97828 Marktheidenfeld:
Weihnachtsmarkt, 9. bis 10. Dez. 2000

95352 Marktleugast:
Weihnachtsmarkt, 2. Dez. 2000

96275 Marktzeuln:
Weihnachtsmarkt, 17. Dez. 2000

97638 Mellrichstadt:
Adventsmarkt, 26. Nov. 2000

96247 Michelau i. OFr.:
Weihnachtsmarkt, 8. Dez. 2000

97513 Michelau im Steigerwald:
Weihnachtsmarkt, 3. Dez. 2000

96268 Mitwitz:
Weihnachtsmarkt, 25. bis 26. Nov. 2000

91804 Mörnsheim-Mühlheim:
Weihnachtsmarkt, 3. Dez. 2000

95213 Münchberg:
Weihnachtsmarkt, 16. Dez. 2000

97702 Münnerstadt:
Weihnachtsbazar, 25. bis 26. Nov. 2000;
Weihnachtsmarkt, 26. Nov. 2000

92318 Neumarkt in der Oberpfalz:
Weihnachtsmarkt,
30. Nov. bis 23. Dez. 2000

91077 Neunkirchen am Brand:
Weihnachtsmarkt, 9. bis 10. Dez. 2000

91413 Neustadt/Aisch:
Weihnachtsmarkt mit Krippenausstellung,
8. bis 10. Dez. 2000

96456 Neustadt b. Coburg:
Weihnachtsmarkt, 1. bis 3. Dez. 2000

97996 Niederstetten:
Weihnachtsmarkt, 7. bis 10. Dez. 2000

93149 Nittenau:
Weihnachtsmarkt, 2. bis 3. Dez. 2000

99734 Nordhausen:
Weihnachtsmarkt, 1. bis 31. Dez. 2000

91619 Obernzenn:
Weihnachtsmarkt, 17. Dez. 2000

91286 Obertrubach-Geschwand:
Geschwander Weihnacht,
9. bis 10. Dez. 2000

92526 Oberviechtach:
Christkindlmarkt, 2. Dez. 2000

94000 Passau:
Christkindlmarkt, 2. bis 23. Dez. 2000

91257 Pegnitz:
Christkindlesmarkt, 2. bis 3. Dez. und 9. Dez. 2000

91287 Plech:
Weihnachtsmarkt, 2. bis 3. Dez. 2000

91278 Pottenstein:
Weihnachtsmarkt, 26. Nov. 2000

91362 Pretzfeld:
Weihnachtsmarkt, 10. Dez. 2000

97357 Prichsenstadt:
Weihnachtsmarkt mit lebender Krippe, 3. Dez. 2000

96181 Rauhenebrach:
Weihnachtsmarkt, 1. Dez. 2000

96181 Rauhenebrach-Fabrikschleichach:
Weihnachtsmarkt, 2. Dez. 2000

96181 Rauhenebrach-Prölsdorf:
Weihnachtsmarkt, 3. Dez. 2000

90552 Röthenbach an der Pegnitz:
Weihnachtsmarkt, 1. bis 23. Dez. 2000

91443 Scheinfeld:
Weihnachtsmarkt, 16. bis 17. Dez. 2000

91583 Schillingsfürst:
Weihnachtsmarkt, 1. bis 3. Dez. 2000

92539 Schönsee:
Adventmarkt, 1. Dez. 2000

91126 Schwabach:
Weihnachtsmarkt mit Lichterschiffchenfahrt auf der Schwabach, 8. bis 10. Dez. 2000; Allerleimarkt zur Weihnacht, 15. bis 17. Dez. 2000

97421 Schweinfurt:
Weihnachtsmarkt, 29. Nov. bis 22. Dez. 2000

95100 Selb:
Weihnachtsmarkt, 7. bis 10. Dez., 14. bis 17. Dez. und 21. bis 24. Dez. 2000

95152 Selbitz:
Weihnachtsmarkt, 10. Dez. 2000

97215 Simmershofen-Auernhofen:
Advents- und Weihnachtsmarkt, 2. bis 3. Dez. 3000

97286 Sommerhausen:
Weihnachtsmarkt, 2. bis 3. Dez., 9. bis 10. Dez. und 16. bis 17. Dez. 2000

91174 Spalt:
»Weihnachtsmarkt mit dem gewissen Etwas mehr …«, 2. bis 3. Dez. 2000

95346 Stadtsteinach:
Weihnachtsmarkt, 10. Dez. 2000

96231 Staffelstein:
Nikolausbasar, 2. Dez. 2000; Christkindlesmarkt, 16. Dez. 2000; Vorweihnachtlicher Markt mit Christkindlesmarkt, 16. Dez. 2000

94315 Straubing:
Christkindlmarkt,
25. Nov. bis 23. Dez. 2000

92237 Sulzbach-Rosenberg:
Weihnachtsmarkt,
30. Nov. bis 17. Dez. 2000

92421 Schwandorf:
Weihnachtsmarkt,
30. Nov. bis 20. Dez. 2000

97291 Thüngersheim:
Weihnachtsmarkt, 9. bis 10. Dez. 2000

90619 Trautskirchen:
Weihnachtsmarkt, 3. Dez. 2000

97855 Triefenstein-Homburg:
Weihnachtsmarkt, 5. Dez. 2000

97855 Triefenstein-Lengfurt:
Weihnachtsmarkt, 12. Dez. 2000

97215 Uffenheim:
Weihnachtsmarkt, 8. bis 10. Dez. 2000

96191 Viereth-Trunstadt:
Advents- und Nikolausmarkt, 3. Dez. 2000

94474 Vilshofen:
Christkindlmarkt, 9. bis 17. Dez. 2000

97332 Volkach:
Weihnachtsmarkt, 2. bis 3. Dez. und
9. bis 10. Dez. 2000

94065 Waldkirchen:
Weihnachtsmarkt,
24. Nov. bis 31. Dez. 2000

92637 Weiden:
Christkindlmarkt,
30. Nov. bis 23. Dez. 2000

96279 Weidhausen b. Coburg:
Adventsmarkt, 3. Dez. 2000

97990 Weikersheim:
Weihnachtsmarkt, 15. bis 17. Dez. 2000

96260 Weismain:
Thomasmarkt, 21. Dez. 2000

91781 Weißenburg in Bayern:
St.-Andreas-Weihnachtsmarkt,
9. bis 17. Dez. 2000

95163 Weißenstadt:
Weihnachtsmarkt, 16. bis 17. Dez. 2000

92670 Windischeschenbach:
Weihnachtsmarkt, 9. Dez. 2000

95632 Wunsiedel:
Weihnachtsmarkt, 3. bis 21. Dez. 2000

96199 Zapfendorf:
Weihnachtsmarkt, 7. Dez. 2000

97475 Zeil am Main:
Weihnachtsmarkt, 10. Dez. 2000

Bildnachweis:

Alsfeld, Magistrat 52, 53, 66
Amm, G., Coburg 181
Bach, M., Weinbach 50
Bad Lauchstädt, Historische Kuranlagen 13, 20
Barth, E., Saarbrücken 31, 131
Braunschweig, Fremdenverkehrsamt 56, 59
Bremer Touristik-Zentrale 3, 40
Bretten, Bürgermeisteramt 129
Burg Hohenzollern 119
Burg Satzvey 6, 85, 97
Deggendorf, Stadt 176, 194
Dortmund, Fremdenverkehrsamt 65
Ehingen, Stadt 7, 141
Frankfurt, Tourismus & Congress GmbH 94, 95
Fremdenverkehrsämter der jeweiligen Orte 42, 49, 68, 70, 71, 99, 100, 118, 120, 160, 168, 169, 171, 172, 177
Friedberg, Bürger für 153, 156, 191
Friedrichshafen, Stadt 161, 190
Gera, Kultur & Kongreß Zentrum, © Siegrid Schädlich 19
Hempfling, A., München 8, 16, 32, 33, 37, 43, 74, 88, 89, 139, 146, 184, 186, 187
Hildesheim, Stadtverwaltung 46
Kern, Atelier, Schwäbisch Hall 124o.
Kiedrowski, R., Ratingen 24, 34, 41, 50o., 63, 64, 77, 78, 79, 151, 152u., 173o., 174, 178, 182
Kirchberg, Stadt 128, 130o.
Kronach, Fremdenverkehrsamt 152o.
Lange, H., Bad Lausick 12
Lehr, J. München 25, 27, 55, 59, 67, 73, 81, 110, 111, 112, 113
Lipa, K., Augsburg 15, 22, 23, 26, 47o., 48u., 121, 146, 149, 154, 155, 175, 179, 189
Ludwigsburger Stadtmarketing & Touristik GmbH 115
Lukascheck, J., Seeburg 14
Mannheimer Weihnachtsmarkt 88o., 107
Mayer, R., Oldenburg 72, 73
Monschau, Stadtverwaltung 78
Münch, W., Lippstadt 90o., 180
Neuburg, Stadtverwaltung 158, 164
Neuenburg, Stadtverwaltung 135
Paderborn, Verkehrsverein 5, 47u.
Prosswitz, M., Mannheim 103
Ravensburg, Stadt 162, 173u.
Rostock, Großmarkt 28
Sascha, pr-bureau "G", Rheinmünster 133, 134, 148
Schatten, G., Bad Wimpfen 123
Schlottmann, M., Dortmund 76
Schwerin, Werbeunion GmbH & Co.KG 29
Siegburg, Stadtverwaltung 83, 84, 170
Sondermann, M., Bonn 80
Splitt, D., Wolfenbüttel 57
Stadtverwaltungen der jeweiligen Orte 10, 11, 17, 38, 39, 122, 124u., 132, 159
Stuttgart Marketing GmbH 114, 115, 116, 130, 145
Thomas, G., Mannheim 91
Trier, Fremdenverkehrsamt 84
Ulrich, K., Sinntal 54
Vellberg, Stadtverwaltung 126, 127
Villingen-Schwenningen, Städt. Liegenschaftsamt 135
Wassermeier, S., Bad Homburg 96
Wismar, Tourist-Information 36, 45
Würzburg, Congress- & Tourismus-Zentrale 166, 167

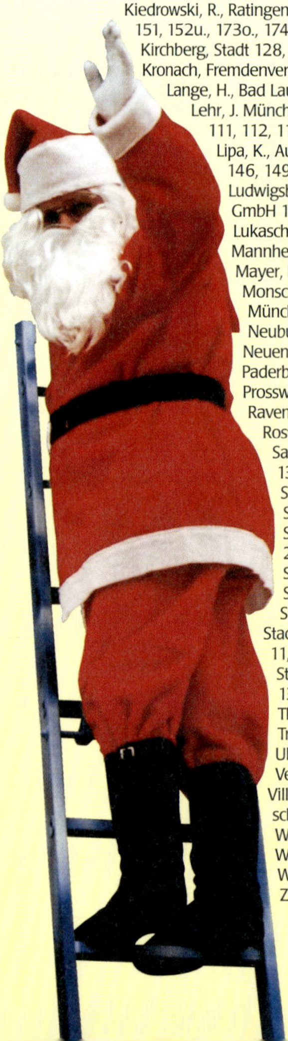

Die Deutsche Bibliothek –
CIP-Einheitsaufnahme

Die schönsten Weihnachtsmärkte in Deutschland : Termine, Angebot, Anfahrtswege / Gerald Drews ; Birgit Adam (Hrsg.). 2. aktualisierte und erweiterte Aufl. –
München : Battenberg, 2000
ISBN 3-89441-490-1

Text: Medienagentur Gerald Drews GmbH Augsburg, Birgit Adam
Idee: Michael Schönberger
Umschlaggestaltung:
S/L-Kommunikation, Wörthsee

Layout: Anton Walter, Gundelfingen

Satz: DTP-Design Walter, Gundelfingen
Reproduktion: GAV Prepress, Gerstetten
Druck und Bindung:
Offizin Andersen Nexö, Leipzig

ISBN 3-89441-490-1

Printed in Germany